D1983633

Rolf von Sydow

Angst zu atmen

Rolf von Sydow

ANGST ZU ATMEN

Ullstein

CIP-Kurztitelaufnahme der Deutschen Bibliothek
Sydow, Rolf von:
Angst zu atmen / Rolf von Sydow. –
Frankfurt/M.; Berlin; Wien: Ullstein, 1983.
ISBN 3 550 06476 4

© 1983 Verlag Ullstein GmbH,
Frankfurt/M. · Berlin · Wien
Alle Rechte vorbehalten
Satz: Hagedornsatz, Berlin
Druck und Verarbeitung: May & Co, Darmstadt
Printed in Germany
ISBN 3 550 06476 4

I

Es ist Hochsommer 1928.
Ich bin gerade vier Jahre alt geworden.
Schon ganz früh am Morgen bin ich mit meiner Mutter zum Rheinhafen gegangen.
Die alte Badeanstalt riecht nach Teer und faulem Holz.
Ich kann noch nicht schwimmen.
Selbst das Nichtschwimmerbecken ist zu tief für mich.
Ich habe die Arme um den Hals meiner Mutter geschlungen, und sie hüpft mit mir im Wasser herum.
Taucht mich unter bis zum Kinn.
Ich schreie so, wie man es von einem fröhlichen Kind erwartet.
Sie steigt vorsichtig die glitschige Treppe zum Steg hinauf.
Ich drücke mich ganz fest an ihre weiche Brust.
Küsse sie hinter das Ohr, wo sich ein paar nasse Haare aus der Badekappe hervorkräuseln.
Ich spüre ihren warmen Körper und genieße es.
Sie setzt mich auf dem Ufersand ab.

Einen Meter vor mir schwappt trübes Hafenwasser in winzigen Wellen Holz und Stroh hin und her.
»Bleib schön hier. Ich zieh mich nur um. Ich bin sofort wieder da!«
Ich verspreche es.
Ich schaue ihr nach, wie sie in ihrem tropfenden schwarzen Badeanzug zur Kabine rennt.
Ich warte, bis sie verschwunden ist.
Springe auf.
Laufe zum Steg.
Habe dort einen toten Fisch entdeckt, rutsche auf den schlüpfrigen Holzplanken aus, falle ins Nichtschwimmerbecken, versuche mich irgendwo festzuklammern, reiße mir an einer rostigen Schraube die Brust auf, schlage um mich, gurgelnde Luftblasen vor mir, schlucke Wasser, tauche auf, schreie, tauche wieder unter, schlage um mich, schlucke Wasser und weiß, daß das das Ende ist.
Ein vierjähriges Kind weiß das.
Dicht neben mir springt jemand ins Wasser, ich werde ohnmächtig.
Ich werde wach.
Meine Mutter über mir.
Sie weint.
»Bitte nichts den Großeltern sagen, bitte.«
Ich verspreche es.
Und ich halte es.
Es gibt niemanden, der soviel Angst vorm Fallen hat wie ich.

II

Es ist Frühjahr 1929.
Im Juni werde ich fünf Jahre alt.
Der Winter war so eisig, daß sogar der Rhein zugefroren war. Auch jetzt ist es noch sehr kalt, obwohl wir bereits Ende März haben.
Ich muß mich auf einen Schemel stellen, um über die Filzdecke schauen zu können, die meine Großmutter mit Beginn des Winters vor das Fenster hängt, um den Wind nicht allzusehr in die Wohnung blasen zu lassen.
Ich darf heute besonders lange aufbleiben.
Denn seit vorgestern ist wieder Sperrstunde verordnet.
Und ich möchte die Spahis sehen.
Auf ihren nervösen Arabern.
Im blauen Burnus mit weißem Cape.
Eine Hand am Zügel, in der anderen die kurze Peitsche.
Schwarze Gesichter unter weißem Turban.
Die Funken stieben von den Hufen ihrer verrückten Pferde, wenn sie auf dem Kopfsteinpflaster ausrutschen.
Späte Passanten springen in die Häuser:
»Allez! Allez!«
Ich liebe dieses Schauspiel.
Es gefällt mir noch mehr als die Engländer mit ihrer Dudelsackmusik und ihrer Maskottchen-Ziege.

Denn unsere kleine Stadt ist seit Kriegsende besetzt. Ich kenne die schmetternden Clairons der blaugrau uniformierten Marokkaner und die rasselnden Tanks der olivfarbenen Amerikaner.
Oben im Musikzimmer macht mein Großvater mit dem Syndikus der nahen Chemiefabrik, mit der buckligen Leiterin der Gewerbeschule, mit dem pensionierten Reichsbahnrat, mit dem Apotheker seine Hausmusik, wie jeden Donnerstag.
Heute sind alle ein bißchen früher gekommen. Und sie werden die Nacht in den Fremdenzimmern oder auf dem Sofa im Musikzimmer verbringen.
Besonders beschäftigt mich dabei die Frage, ob wohl die Lehrerin mit ihrem Höcker auf dem Bauch schlafen muß.
Die Gaslaterne vor unserem Haus zischt an. Ich fahre wie immer erschrocken zusammen. Und da sind sie schon, sprengen um die Ecke, knallen mit ihren Peitschen, die Gewehre im Sattelschaft. Einer galoppiert ganz dicht vor meinem Fenster über das Trottoir, sein Gesicht ist auf meiner Höhe, ein schwarzer Blitz aus seinen Augen, heftiger Atem, anfeuernde Schnalzlaute für sein schnaubendes Pferd, eine sekundenlange Demonstration von Kraft und Macht und Schnelligkeit. Er reißt das Pferd auf der Hinterhand herum, es steigt vorne hoch, mit weiß bandagierten Fesseln. Er kommt zurück.
Ich ducke mich unter die Fensterbank, ein pfeifender Schlag an die Scheibe, ein Knall, sie hat einen

Sprung, die Hufschläge entfernen sich mit rasender Geschwindigkeit.
Mein Herz pocht mir im Hals.
Ich habe zum ersten Mal die Faszination von Gewalt erfahren.
Kein Laut mehr auf der Straße.
Aus dem Musikzimmer Klaviertöne in perlenden Läufen, Bratsche und Violine fallen ein, das Cello, das Harmonium mit tiefen Bässen, ich gehe leise die Treppe hinauf, habe Schwierigkeiten, meine Schritte dem Rhythmus anzupassen.
Es klingt feierlich und heroisch.
Mein Großvater ist ein Wagnerianer. Auch ich bekomme bei dieser Musik immer eine Gänsehaut.
Ich klettere aufs Biedermeiersofa.
Das bucklige Fräulein am Harmonium, im Rückspiegel ihr angespanntes Gesicht, auf meinen Großvater gerichtet. Er tremoliert im Fortissimo, seine Finger wirbeln über die Flügeltasten.
Der Syndikus schiebt sich die Geige unter das gefaltete Taschentuch, der Reichsbahnrat blättert das Notenblatt der Bratschenstimme um, die linke Hand des Apothekers fegt den Cellogriff hinauf. Ich darf jeden Donnerstag während der ersten Stunde zuhören. Dann kommt eine Pause. Meine Großmutter reicht belegte Schnitten herum. Dazu ein paar Schlucke Rauenthaler Spätlese 1921. Besonders das Fräulein unterhält sich gerne mit mir. Sie winkt mich heran. Ich sitze neben ihr auf der Bank und blättere, auf ihr Kopfnicken achtend,

die Noten um. Ich stoße an den Buckel und erschrecke, wie hart er ist.
Sie weiß, was ich gespürt habe, und lächelt traurig.
Ich lächele verlegen zurück.
Das Fräulein verschleppt das Tempo, mein Großvater dreht sich mahnend zu ihr um.
Sie wird ganz rot und ist doch sicher schon vierzig Jahre alt.
Ich glaube, daß sie meinen Großvater liebt.
Ich liebe ihn auch.
Er sieht wunderbar aus.
Eine weiße Bürstenhaarfrisur, schwarze Augenbrauen und ein rötlicher Schnurrbart.
Er hat viele hundert Babies zur Welt gebracht.
Mich auch.
Das hat mir meine Mutter erzählt.
Ich mußte nie an den Klapperstorch glauben.
Wenn das Fräulein ein Kind bekommt, ob es dann auch einen Buckel hat?
Hinter mir, in der Tür zum Schlafzimmer, dreht sich ein Schlüssel.
Meine Großmutter geht zu Bett.
Und über die Klinke hängt sie noch ein Handtuch.
Damit keiner der Musikanten sie durch das Schlüsselloch beobachten kann. Als ob einer das tun würde.
Ich stelle sie mir dabei vor wie die Bremer Stadtmusikanten in meinem Bilderbuch.
Das bucklige Fräulein als Hahn ganz obendrauf.
Ich muß laut lachen.
Gottseidank spielen sie gerade im Fortissimo, und

niemand hört es. Nur das Fräulein dicht neben mir zuckt zusammen.
Der Apotheker möchte nicht über Nacht bleiben.
Er wohnt nur ein paar Häuser von uns entfernt.
Das höre ich noch, bevor mich meine Mutter auf den Arm nimmt und die Treppe hinauf in mein Zimmer trägt.
Ich mag das sonst nicht.
Nächstes Jahr komme ich schon in die Schule.
Aber heute finde ich es schön. Ich bin sehr müde.
Ich schlafe bereits, bevor sie mich ausgezogen hat.
Mitten in der Nacht werde ich wach.
Türen schlagen. Aufgeregte Stimmen.
Ich rufe nach meiner Mutter.
Keine Antwort.
Ich höre Weinen und Schreien und die Schritte vieler Menschen.
Ich habe Angst.
Ich rufe nach meiner Mutter.
Keine Antwort.
Ich schleiche barfuß die Treppe hinunter.
Die Tür zum Ordinationszimmer steht offen.
Auf dem weißbezogenen Tisch liegt ein Mensch.
Ich sehe Blut.
Meine Mutter kommt aus der Küche gerannt mit einer Schüssel heißem Wasser.
Meine Großmutter preßt sich ein Taschentuch vor den Mund.
Sie schluchzt.
Mein Großvater hat ein blitzendes Instrument in der Hand.

Sein Hemd ist blutbespritzt.
Der Reichsbahnrat reicht ihm einen großen Ballen Watte zu.
Der Syndikus sieht hinter der Gardine versteckt auf die Straße hinaus.
Das Fräulein hat über ihrem langen Nachthemd einen Morgenrock mit lauter gelben Rosen an.
Die größte sitzt genau auf ihrem Buckel.
Sie entdeckt mich auf der Treppe.
Flüstert mit meiner Mutter.
Die läuft zu mir hoch.
Will mich auf den Arm nehmen.
Ich wehre mich.
»Was ist los?«
»Nichts, mein Liebling, gar nichts.«
»Doch! Wer liegt da auf dem Tisch? Was hat er?«
»Nichts, gar nichts!«
Ich fange an zu schreien.
Ich will wissen, was los ist.
Ich will es wissen.
Meine Mutter ist überrascht von meinem Ausbruch.
»Was ist denn mit dir? Du bist doch sonst so ein braves Kind!«
Ich stampfe mit den Füßen auf.
Ich weine. Vor Wut. Ich brülle.
Alle sehen zu mir hoch.
Da erkenne ich, wer auf dem Tisch liegt: es ist der Apotheker, das Cello.
Sein Gesicht ist blauweiß.
Er wimmert. Er stöhnt.

Sein Bauch ist offen und dunkelrot, und die Watte saugt sich schnell voll Blut.
Er stirbt. Das kann ich sehen.
Sie machen die Tür zu.
Ich gehe zu Bett.
Ich liege stundenlang wach und höre auf die Geräusche im Haus.
Er war in der Nacht von Garten zu Garten geklettert. Und keiner hat ihn gesehen.
Aber einmal mußte er über die offene Straße auf die andere Seite. Da war sein Haus.
Sie haben ihn angerufen. Aber er ist weitergelaufen. Da haben sie geschossen. Es ist Sperrstunde.
Am frühen Morgen ist er gestorben.
Ich bin dem Tod begegnet. Er hat mir keine Angst gemacht!

III

Es ist Herbst 1930.
Vor ein paar Monaten bin ich sechs geworden.
Seit einem halben Jahr gehe ich in die Volksschule.
Ich bin ein guter Schüler.
Habe eine geschickte Kombination aus Anpassung und Selbstbehauptung entwickelt, indem ich alle Stärkeren, einschließlich Lehrer, bestätige und die Schwächeren meine Überlegenheit nur sehr milde spüren lasse.

Ich stehe in der Hackordnung weit im oberen Drittel, obwohl ich an körperlicher Kraft, an Mut, an Draufgängertum den meisten unterlegen bin.
Ich schlängele mich durch Freundschaften, Feindschaften, Intrigen, Streit, Verschwörungen, Cliquen, ohne anzuecken, aber auch ohne für irgend jemanden Partei zu ergreifen.
Ich bin bei den meisten beliebt.
Von niemandem gefürchtet. Aber ich habe keinen wirklichen Freund.
Alle halten eine gewisse Distanz zu mir.
Aber es ist keine Distanz, die ausschließt, mich zum Außenseiter macht.
Ich habe sie sehr fein spüren lassen, daß ich etwas Besseres bin: Bildung, Erziehung, Haltung, Herkunft, Familie, Name.
Vor vier Wochen ist mein Großvater väterlicherseits gestorben.
Der »alte Herr«.
Er wurde siebenundachtzig Jahre alt.
Hauptmann der Reserve, pensionierter Gefängnisdirektor, dreifacher Witwer, neunfacher Vater, drei Kinder haben das Säuglingsalter nicht überlebt.
Erst jetzt, nach seinem Tod, kommen die Familien meines Vaters und meiner Mutter wieder zusammen.
Die große Versöhnung fand beim Begräbnis statt.
Beim Defilee der Trauergäste hat meine Mutter, die am meisten unter der Entfremdung litt, kurzerhand die Initiative ergriffen.
Sie fühlte sich schuldig.

Das schöne Mädchen aus großbürgerlichem protestantischen Haus.
Der aus der Exotik einer ehemals deutschen Kolonie heimgekehrte jüngste Sohn einer katholischen, adligen Offiziersfamilie.
Für den »alten Herrn« war es trotz Internatserziehung und Wohlhabenheit der Braut eine Mesalliance geblieben.
Die evangelische Trauung, auf der mein Vater bestand, um so seine endlich vollzogene Lösung von dem in Furcht geliebten Vater zu beweisen, hatte den endgültigen Bruch herbeigeführt.
Jetzt brauche ich mich nicht mehr unter der Fensterbank zu verstecken, wenn Tante Mieze, vom schwarzen Schäferhund Bob an langer Leine hinter sich hergezerrt, in willenlosem Laufschritt ihren täglichen Spaziergang zum Hafen absolviert. Sie ist die älteste Schwester meines Vaters, die selbstlos den Haushalt des tyrannischen »alten Herrn« geführt hat.
Im Gegenteil.
Ich stehe auf dem samtbezogenen Fußbänkchen des »alten Herrn«, vor mir kniet der Schneider des »alten Herrn« und nimmt mir Maß für eine wundervolle dunkelblaue Gardegrenadier-Uniform mit rosa Biesen und den silbergeflochtenen, mit einem goldenen Stern besetzten Epauletten eines Oberstleutnants.
Es ist die Miniaturausgabe der Uniform meines Onkels Walter. Er ist der älteste Bruder meines Vaters. Man hatte ihn bereits Ende 1914 vorsorg-

lich in den Ruhestand versetzt, nachdem er durch fehlerhafte Benutzung seines Marschkompasses um ein Haar ein ganzes Bataillon in frühzeitige Gefangenschaft geführt hatte.
Das erfahre ich aber erst später.
Im Augenblick bin ich nur aufgeregt, als ich mich das erste Mal im großen, mahagonigerahmten Spiegel sehe, die Schultern des Rockes sind noch viel zu weit, so daß die silbernen Fangschnüre bis zur Hüfte herabhängen.
»Das kriegen wir schon hin!«
Auch der Schneider scheint aufgeregt.
Und Tante Mieze.
Und meine Mutter.
Mein Vater ist nicht dabei.
Er hat die Generalvertretung einer Brauerei übernommen.
Der Vater meiner Mutter hat ihn dort eingekauft.
Es hat meinen Vater nicht sonderlich gedemütigt.
Er findet es ganz in Ordnung, daß sein Name etwas kostet.
Er hat in zwei Jahren fünfzig Pfund zugenommen.
Er trinkt.
Alle deutschen Männer trinken.
Und spielen Skat.
Mein Vater tut es dreimal in der Woche.
Ich finde das in Ordnung.
Er kommt nie betrunken nach Haus.
Der Schneider dreht mich herum und markiert mit Kreide die passende Schulterbreite.
Ich kann mir meine Lieblingsfotos ansehen, die in

einem goldgeränderten Sammelrahmen über dem durchgewetzten Schaukelstuhl hängen.
Es sind die Brüder meines Vaters in vergilbtem Sepia und verblichenem Schwarz-Weiß.
Onkel Benno bei den Dardanellen, den Pour le Mérite um den Hals, viermal im Heeresbericht erwähnt, gefallen als Hauptmann in den letzten Kriegstagen.
(Es gibt ein unbestätigtes Gerücht, daß er freiwillig den Tod gesucht habe, zu drückend seien seine Spielschulden gewesen.
Aber das erfahre ich natürlich erst später.)
Und Onkel Paul, der hübscheste der Familie. Im Hererokrieg durch einen Giftpfeil verwundet und in geistiger Umnachtung in einer Anstalt verstorben.
Und Onkel Walter, als junger Leutnant der Ehrenwache vor dem königlichen Schloß in Berlin.
Und mein Vater, mit fesch hochgeklapptem Südwester als Batteriechef in Afrika.
Ich denke an die wundervoll glitzernden Ehrenzeichen, an den Adlerorden vierter Klasse, die Eisernen Kreuze, die Tante Mieze in einem mit blauem Samt ausgeschlagenen Kasten aufbewahrt, zusammen mit den Siegelringen der gefallenen Onkel, die ich mir manchmal über die noch viel zu dünnen Finger streifen darf.
Ich weiß, daß wir keine Wehrmacht haben.
Daß wir keine haben dürfen.
Aber das wird nicht immer so sein.
Ich muß Offizier werden.

Ich werde Offizier werden.
Wenn ich schon nicht General werde, dann muß ich wenigstens in den Generalstab. Man trägt dort breite rosa Streifen an den Hosen.

IV

Es ist Spätsommer 1931.
Ich bin sieben Jahre alt.
Mein Vater hat sich mit Unterstützung seines Schwiegervaters in eine Gurkenfabrik eingekauft. Ein neuer Sterilisationsofen war die geforderte Mitgift.
Der Ofen ist vor ein paar Tagen, riesengroß und schwarz, von dicken Tauen gehalten, auf der Ladefläche eines Lastwagens in den Hof gerollt.
Beim Abladen über mächtige Bohlen kam er ins Rutschen und krachte auf den Betonboden.
Sein gußeiserner Bauch hat einen Sprung.
Verschiedene Messingrohre sind verbogen oder abgerissen.
Mein Vater hat schrecklich gebrüllt.
Ich bin zu meinem Schäferhund »Freund« in die Hütte gekrochen. Jetzt liege ich auch neben ihm. Ich habe ihn zu meinem Geburtstag geschenkt bekommen. Er ist vier Monate alt, verspielt und zärtlich, unberechenbar in seinen Einfällen und unkontrolliert in seinen Bewegungen.

Er hat die Staupe und hat heute schon wieder eine Spritze bekommen.
Er sieht mich an, ohne den Kopf zu heben.
Das Innere seiner unteren Augenlider klappt vor zu einem breiten, roten Wulst.
Ich habe schreckliche Angst, daß er stirbt.
Alle sagen, daß es nicht schlimm wäre:
ein so kräftiger junger Hund!
Ich vertraue ihnen nicht.
Auch meine Eltern sagen mir nicht die Wahrheit.
Ich spüre das.
Ich liege neben ihm, vergrabe meinen Kopf in seinem weichen Hals, höre seinen hechelnden Atem, spüre seine trockene Schnauze an meinem Ohr, das er ganz sanft zu lecken beginnt.
Die Transmissionsriemen klatschen immer lauter auf die gußeisernen Schwungräder, die Maschinen laufen aus.
Es ist sechs Uhr, Samstag, Feierabend.
Holzschuhe klappern über den Hof, Stimmen, Lachen, die Arbeiterinnen gehen nach Haus.
Niemand sieht mich.
Ich liege neben »Freund« und wische meine Tränen an seinem Ohr ab, das am Rand noch ganz verschorft vom Kupieren ist. Ich schluchze so laut, daß ich meinen Mund tief in seinen Fellhals drükken muß.
Es ist ganz still.
Nur eines der riesigen Gurkenfässer knackt einmal, und ganz weit weg bellt ein Hund.
Freund ist zu schwach, um zu antworten.

Ich weiß, daß er sterben wird.
Meine Mutter ruft mich: »Komm rein. Der Besuch muß gleich kommen!«
Ich habe es ganz vergessen.
Wir wohnen auf der linken Rheinseite.
Das ist entmilitarisiertes Gebiet.
Kein Soldat unserer 100 000-Mann-Armee darf dort stationiert sein.
Heute abend findet in der Turnhalle unserer Volksschule ein Wettkampf statt.
Und fünfzehn Soldaten eines in Gießen liegenden Infanteriebataillons sind dazu eingeladen. Sie dürfen nicht einmal ein Seitengewehr mitbringen.
Aber sie werden in Uniform kommen.
Mein Vater hat alles getan, daß der die Truppe führende Oberleutnant bei uns einquartiert wird.
Es ist ihm nicht gelungen.
Er wohnt beim Bürgermeister, den mein Vater einen »tiefschwarzen Spießer« nennt, was immer das bedeuten mag:
»Im Krieg war er nur Vizefeldwebel, noch dazu beim Train. Also das letzte!«
Mein Vater muß sich sehr geärgert haben, da er sogar zweimal nicht zum Skat in sein Stammlokal gegangen ist.
Immerhin würde der ranghöchste Unteroffizier bei uns wohnen, ein Oberfeldwebel.
Trommeln und Pfeifen des Spielmannszuges unserer freiwilligen Feuerwehr.
Ich stehe auf einer Fußbank, die Arme auf einem

Kissen gekreuzt, und sehe zwischen meinen Eltern aus dem Fenster die Dorfstraße hinab.
Der Tambourmajor mit rotweißen Epauletten und langen silbernen Fransen reißt seinen Messingstab hoch und setzt ihn hart in der Hüfte ab, die Querpfeifen verstummen exakt, nur die Trommeln begleiten rhythmisch den linken Fuß weiter, nach jedem Doppelschritt ein präziser kleiner Wirbel. Es sieht ein bißchen lächerlich aus.
Unsere blaukostümierte Feuerwehr, dünn und dick und groß und klein und jung und alt, aber alle gleich wichtig in ihrem rührenden Musikerernst, und dahinter die fünf Reihen der feldgrauen Elite, gleich groß, gleich alt, gleiche Haltung, in mühelosem Gleichschritt, ohne jeden Ausdruck von militärischem Drill.
Man ist links des Rheins, und jede Provokation soll vermieden werden.
Der Oberleutnant vorneweg grüßt lächelnd nach allen Seiten, hier und da Applaus aus Fenstern und Torfahrten, auch die Soldaten blicken sich um, grinsen einem hübschen Mädchen zu, und der Oberfeldwebel im ersten Glied am rechten Flügel, sieht er nicht besonders lange zu mir her?
Seine Mütze hat als einzige vorne einen Kniff, er trägt eine silberne Schützenschnur. Der Oberleutnant dreht sich zu ihm um, sagt ihm irgend etwas, er antwortet nicht, nickt nur mit dem Kopf: Ich bewundere ihn maßlos. Er ist mein Oberfeldwebel.
Der Tambourstab fliegt hoch, die linke Hand zeigt

eine drei, die Musik fällt ein, ein kleiner dicker Pfeifer hat nachgeblasen, bekommt einen wütenden Blick seines Chefs ab, wechselt ungeschickt den Schritt, die feldgraue Elite lächelt herablassend liebenswürdig, unser übereifriger Dorfpolizist versucht die Kinderschar zu zerstreuen, die vor dem Wagen mit dem Gepäck durcheinanderhüpft oder verbissene Anstrengungen macht, den Gleichschritt der Großen mitzuhalten.
Ich springe von meiner Fußbank, schlage die Tür hinter mir zu, rase über den Hof (selbst jetzt sieht »Freund« kaum aus seiner Hütte heraus, ich habe ihn auch längst vergessen), renne zum kleinen Marktplatz, die Rathausuhr schlägt sieben, ein paar Tauben flattern aus dem Turm, ich dränge mich durch die Menge nach vorn, der Bürgermeister heißt die lieben Gäste willkommen, unser Name wird aufgerufen:
»Hier!« Ich laufe auf meinen Oberfeldwebel zu, er nimmt meine Hand, wirft sich sein Gepäck über die Schulter, wir gehen die Hauptstraße hinauf, er redet mit mir, ich antworte, ich weiß nicht, was, alle Leute schauen neidvoll zu mir hin, ich blicke hoch zu ihm, ganz oben im orangenen Abendhimmel ist sein Gesicht mit der lässig gekniffenen Mütze. Ich kann mich nicht erinnern, je so aufgeregt und stolz gewesen zu sein.
Abends beim Wettkampf ist er der einzige, der die dreifache Riesenwelle turnt.
Alle klatschen wie rasend.
Ich nicht.

Ich wußte von Anfang an, daß er der Beste ist. Als ich spät mit meinem Vater und ihm nach Hause komme und noch einmal nach meinem Hund sehen möchte, sagt mir meine Mutter, daß der Tierarzt vor einer Stunde da war und ihm eine Spritze gegeben hat, damit er nicht länger leiden muß. Ich merke, wie erstaunt sie ist, daß ich nicht weine.

V

Es ist Winter 1932.
Ich bin achteinhalb Jahre alt.
Mein Vater steht an einem Rednerpult und hält vor Mitgliedern des Kolonialbundes einen Vortrag über seine Erlebnisse in Südwest-Afrika.
Er erzählt von der wochenlangen Überfahrt mit einem Schiff der Woermann-Linie, bei der allerlei Schabernack getrieben wird.
Einem an das deutsche Gymnasium nach Windhuk versetzten Studienrat, der die unangenehme Angewohnheit hat, beim Essen sein Besteck abzulecken, hat man in verschwörerischer Gemeinschaft auch den Messerrücken angeschärft. Und als er sich nun wieder die an der Schneide haftenden Soßenreste in gewohnter Manier einverleiben will, schneidet sich »das dumme Luder« tief in den rechten Mundwinkel.

»Das blöde Gesicht hätten Sie sehen sollen, als ihm das Blut in den Spinat tropfte.«

Alle lachen. Ich fahre ganz schnell mit der Zungenspitze nach rechts, stelle erleichtert fest, daß bei mir alles in Ordnung ist. Dann lache ich auch.

Aber die schönste Zeit mit meinem Vater ist die, wenn er das dünne blauleinene Fotoalbum öffnet und sich mit mir die vergilbten Bilder seiner zwölfjährigen Afrika-Zeit ansieht.

In der Wellblechtür der ersten provisorischen Hütte im Schatten einer kümmerlichen Schirmakazie.

Auf der Terrasse seines Farmhauses mit Herren im Smoking und Damen in langen weißen Kleidern und großen Hüten, Sektkelche in der Hand und lachend in die Kamera blickend. Ein dicker Kleiner in der Mitte ist etwas verwischt. Er hat nicht stillhalten können.

Auf einem mit zwölf Ochsen bespannten Karren, in Wickelgamaschen mit der Jagdflinte im Arm, neben ihm sein treuer Foxterrier.

Ein mächtiger Mähnenlöwe mit einer Pranke gefangen im Tellereisen, und mein Vater mit angelegter Büchse, um ihm den Fangschuß zu geben.

In Uniform auf einem Pferd und hinter ihm die auseinandergenommenen Geschütze seiner Batterie auf Maultieren.

Mit einem erlegten Kudu, einem Springbock, einem gefangenen Strauß, dem er die Schwanzfedern ausrupft.

Mit wütenden Rindern, die ihre Brandzeichen bekommen, mit angstvoll davonstiebenden Ein-

geborenen, mit einer Hererofrau in hohem Turban, die seine Wäsche wäscht.
Jetzt erzählt er gerade eine meiner Lieblingsgeschichten, als er besoffen vom Bock seines Jagdwagens fiel, das Pferd durchging und er mit einer gebrochenen Rippe zwanzig Kilometer durch den Busch nach Hause kriechen mußte.
Alle Männer sehen sich verständnisinnig an, alter, freier Zeiten gedenkend, und prosten sich mit ihren Biergläsern zu.
Und die Frauen sind stolz auf ihre Männer, obwohl sie – einschließlich meines Vaters – heute wirklich nicht mehr so aussehen, daß man sie sich von Durst und Hunger gezeichnet, von Dornen zerkratzt vorstellen kann, wie sie die Sanddünen der Namib hochstapfen, das »Kreuz des Südens« über sich als einzige Orientierung.
Aber ich habe keine Mühe, mir meinen Vater, um fünfzig Pfund leichter und zwanzig Jahre jünger vorzustellen, so wie er auf den verblichenen Fotos aussieht. Ich glaube ihm, wenn er mir erzählt, wie gut er seine »Kaffern« behandelt hat.
Daß ihm hier alles klein und eng vorkommt.
Daß er drüben ein König war, daß er sich als blutjunger Mensch mit nur 20 000 Goldmark aus seinem Erbe eine Musterfarm aufgebaut hat, und das in wenigen Jahren, und daß es eine himmelschreiende Ungerechtigkeit ist, wie ihn die Engländer und die Buren behandelt haben.
Alles haben sie ihm weggenommen, und die Entschädigung in Deutschland war lächerlich.

Er findet sich hier nicht mehr zurecht. Er wird sich nie mehr zurechtfinden.
Seine große Zeit war Afrika.
Wir müssen unsere Kolonien wiederhaben.
Und ich werde Kommandeur der Schutztruppe in Deutsch-Südwest.

VI

Es ist Sommer 1933.
Ich bin neun Jahre alt geworden.
Der Einkauf meines Vaters in die Gurkenfabrik war eine Pleite.
Die Gründe verstehe ich nicht.
Mein Vater redet von Betrug und daß sein Schwiegervater wieder einmal nur halbherzig Geld gegeben hat, der alte Geizkragen.
Meine Mutter ist sehr still geworden.
Oft habe ich das Gefühl, daß sie Angst vor meinem Vater hat.
Aber dann habe ich kein Mitleid mit ihr, sondern kann sie überhaupt nicht leiden.
Wir suchen eine neue Wohnung in einer neuen Stadt mit einer neuen Arbeit.
Und bis die gefunden ist, bin ich bei den Großeltern einquartiert.
Ich bin gerne dort: Der Elektrisierapparat im Ordinationszimmer, die Gartenmauer mit den weißen

Marmorfliesen und dem symmetrisch gezogenen Spalierobst, der Flügel, das Harmonium, auf dem ich ohne Notenkenntnis wild phantasiere, die wirbelnde Brennschere meiner Großmutter mit dem Geruch nach versengtem Zeitungspapier, wenn sie die Hitze prüft, die medizinischen Bücher, in denen ich mit roten Ohren nach verbotenen aufregenden Sachen suche, immer in der Angst, erwischt zu werden.

Ich sitze auf dem Sofa im Herrenzimmer, habe einen aufgeschlagenen Karl May zur Tarnung neben mir und ein Kissen auf der anderen Seite. Beim geringsten Geräusch fliegt »Die Vollkommene Ehe« von van der Velde unters Kissen und der Karl May auf den Schoß. Ich habe es geübt.

Heute abend ist Hausmusik.

Der Syndikus kommt seit ein paar Monaten nicht mehr.

Ich weiß nicht, warum, habe nur verstanden, daß man seinen Entschuldigungen nicht glaubt.

Auch verschiedene alte Patienten bleiben aus.

Es gibt ungewohnt erregte Auseinandersetzungen zwischen meinen Großeltern. Einmal ertappe ich meine Großmutter, wie sie sich die Tränen abwischt. Onkel Theo, ein Bruder meines Großvaters, Besitzer einer Apotheke in der nahen Großstadt, spricht von »auswandern« und »ehe es zu spät ist«.

Meine Großmutter von einem Besuch bei ihren Verwandten in England »Die würden uns bestimmt erst mal weiterhelfen.«

Ich hätte mich bestimmt erkundigt, was das alles zu bedeuten habe, wären die Antworten meines Großvaters nicht so entschieden gewesen: »Was hat das mit mir zu tun!«
Ich liebe ihn sehr, habe jedoch Angst vor seiner Ungeduld, wenn ich zu oft, zu hartnäckig nach etwas frage.
Aber ich spüre eine unbestimmte Gefahr, die immer wieder Nahrung erhält durch Beobachtungen, Irritationen, Heimlichkeiten. Doch ich stelle keine Fragen, oft erregt mich diese Atmosphäre sogar.
Ich bin wie vor Weihnachten, hin und her gerissen zwischen der Neugier, die Geschenke zu kennen, und dem Wissen, damit die Spannung zu zerstören.
Ich weiß, was sich vor ein paar Monaten ereignet hat.
Adolf Hitler ist an die Macht gekommen. Endlich wird es wieder aufwärts gehen.
Die Arbeitslosen werden verschwinden.
Das Versailler Diktat wird zertreten werden.
Hitler wird Deutschland aus der Knechtschaft reißen und wieder zu einem stolzen Volk machen.
Ich lerne das täglich in der Schule und glaube daran.
Ich bin noch zu jung, um ins Jungvolk eintreten zu können. Aber nächstes Jahr werde ich zehn, und dann darf ich.
Ich hab mir zu Weihnachten eine Trommel gewünscht.

Eines Abends klopft es aufgeregt an den Rolladen. Draußen steht ein Mann an der Hauswand, der heftig aus Mund und Nase blutet.
Er trägt eine Schirmmütze.
Früher habe ich ihn manchmal mit einer Windjacke hinter einer roten Fahne marschieren sehen.
Ich weiß, daß er ein Kommunist ist.
Die SA hat ihn zusammengeschlagen.
Mein Großvater holt ihn herein.
Er sieht sich dabei um. Er verbindet ihn sorgfältig. Geht auf die Straße. Sieht sich wieder um. Dann erst darf der Mann gehen.
»Was hat dieser Mann denn gemacht?«
Mein Großvater antwortet nicht.
Früher hat er immer geantwortet.
Ich frage nicht mehr.
Nachts höre ich meine Großmutter weinen.
Mein Großvater redet auf sie ein.
Ich kann die Worte nicht verstehen.

VII

Es ist Juni 1934.
Seit ein paar Wochen besuche ich die Sexta des Gymnasiums.
Unser Klassenlehrer, den ich vom ersten Augenblick an sehr gut leiden kann, hat uns in alphabetischer Reihenfolge die Bänke zugewiesen.

Deshalb sitze ich weit hinten.
Und neben mir sitzt der einzige aus der Klasse, den ich vom ersten Augenblick an nicht leiden kann.
Wir alle tragen ganz kurze Hosen.
Seine Hose endet unter dem Knie.
Wir alle tragen Halbschuhe.
Er trägt Schnürstiefel wie Tante Mieze.
Wir alle tragen, wenn wir überhaupt etwas auf dem Kopf haben, Skimützen.
Er trägt eine Baskenmütze.
Die Stunde, die wir alle am liebsten haben, ist Sport, Fußball, Handball . . .
Er ist von jedem Sport befreit. Er steht an der Seite als Linienrichter und winkt mit einer viel zu großen Fahne. Selbst das sieht lächerlich aus.
Er hat ständig Schnupfen.
Ich ekle mich, wenn er nach jedem Schneuzen ins Taschentuch schaut.
Wir alle lernen nur so viel, wie wir müssen.
Er ist immer schon eine Lektion voraus.
Wir alle schreiben von einander ab.
Er nie.
Langsam bilden sich Cliquen, Freundschaften heraus. Mit ihm will keiner etwas zu tun haben.
Er buhlt um meine Zuneigung. Ich stoße ihn zurück. Er läßt sich nicht beirren.
An meinem Geburtstag – er muß ihn sich aus dem Klassenbuch herausgesucht haben – liegt ein Apfel auf meiner Bank. Sein Stiel ist durch eine Papierrosette gezogen. Und auf der Rosette steht im Kreis geschrieben:

»Herzlichen Glückwunsch!«
Die Klasse sitzt grinsend in den Bänken.
Er wischt mit einem tropfenden Schwamm die Tafel sauber.
Dreht seinen Kopf auf dem langen Hals schief zu mir um, lächelt unterwürfig und merkt nicht, wie sich alle über mich lustig machen.
Ich hasse ihn in diesem Augenblick.
»Ich esse kein Obst!«
Er sieht mich traurig unter seinen langen Lidern an und packt den Apfel in seine Frühstücksbüchse.
Er weiß, daß ich lüge. Und ich schäme mich.
Ich lege die Papierrosette in mein Lateinbuch.
»Vielen Dank!« Er lächelt glücklich.
»Komm doch nach der Schule einen Augenblick zu mir. Ich habe meinen Eltern schon viel von dir erzählt.«
Ich nicke, ohne es zu wollen.
Er wartet im Schulhof auf mich.
Ich sage, daß ich noch etwas für meine Mutter besorgen muß.
»Ich komme nach. Ich weiß ja, wo du wohnst!«
Ich kenne das Haus. Es liegt in der besten Villengegend.
Verborgen hinter einem Garten mit mannshohen Hecken und einem mächtigen Kastanienbaum.
Jetzt im Sommer ist von der Straße aus nur ein tiefherabgezogenes Schieferdach zu sehen mit einem Schießschartenturm und aufgeklebten Erkern.
Ich tarne mich hinter einer Litfaßsäule und studiere einige Minuten lang den Theaterspielplan.

Es gibt Wagner, Léhar und Millöcker und Schiller, Johst und Kolbenheyer.
Es gibt eine Rassehundeausstellung und eine Ruderregatta.
Es gibt einen Aufruf zum Eintopfsonntag und einen fürs Winterhilfswerk.
Ich warte solange, bis ich sicher sein kann, daß er zu Hause angelangt ist.
Ich würde mich zu Tode schämen, wenn mich jemand mit ihm auf der Straße sähe.
Ich klingle am schmiedeeisernen Gartentor, das in der Mitte goldfarbene Initialen hat: J. S.
Er läuft mir auf dem Kiesweg entgegen.
Eine marmorne Freitreppe, gewaltige Säulen mit korinthischen Kapitellen, ein roter Läufer, von blitzenden Messingstangen gehalten.
Er hat seine Hand um meine geschlungen. Seine Hand ist feucht und weich.
Die Tür ist so hoch, daß er sie mit dem Körper aufdrücken muß.
Ich drehe mich zum Garten um und wische mir verstohlen die Finger an der Hose ab.
Die Halle ist groß wie in der Burg, die ich voriges Jahr mit meinen Eltern bei einer Rheinfahrt besichtigt habe.
Ein zwei Stockwerke hohes bleiverglastes Fenster: Der heilige Martin teilt hoch zu Roß seinen Mantel mit einem Bettler.
Ein gewaltiger Kronleuchter mit echten Kerzen, ein Kamin, in dem man einen Ochsen braten könnte, das Treppengeländer endet in einem

geschnitzten, aufrechtstehenden Bären, der eine Lampe in Form einer Fackel in den Tatzen hält. Ein glänzendes Ledersofa, Sessel mit Armlehnen dick wie die aufgewickelten Feuerschläuche in unserer Schule.
Ein Teppich, der die ganze Halle bedeckt, garniert mit bunten Brücken und Läufern.
Ich versuche, mein Staunen zu bekämpfen, indem ich alles protzig finde. Und neureich. Ein Wort, das mein Vater benutzte, als wir mal bei einer Cousine meiner Mutter eingeladen waren, deren Mann eine große Viehhandlung hat.
Aber ich weiß, wie teuer das alles sein muß.
Auf meinem Schulweg komme ich an einem persischen Teppichgeschäft vorbei. Und da kostet solch eine kleine orientalische Brücke bereits ein Vermögen.
Woher haben die so viel Geld?
Wieso wohnt Siegfried in einer so prächtigen Villa? (Denn sie ist prächtig, ich kann mir vormachen, was ich will.)
Warum wohne ich nicht hier?
Ich hätte viel besser hierher gepaßt!
Mit einem Stammbaum, der bis ins 16. Jahrhundert zurückreicht.
Mit Vorfahren, die riesige Güter im Osten besessen haben.
Die hohe Offiziere und Beamte gewesen sind, die für Deutschland gekämpft haben, auf den Schlachtfeldern geblieben sind, hoch dekoriert für ihre Tapferkeit.

Was kann ich dafür, daß sie uns alles genommen haben?
Daß ich niemanden nach Hause einladen kann, weil niemand erfahren soll, wie ärmlich ich wohne, der einzige in der Klasse, der einen adligen Namen trägt.
Der sich schämt, daß seine Mutter heimlich putzen geht, weil sein Vater wieder einmal hereingelegt wurde. Diesmal von einem Obsthändler namens Kahn, den ihm mein Großvater empfohlen hat. Und der nach Israel abgehauen ist.
Was hat Siegfried als Beruf seines Vaters angegeben?
Bankier.
Da kann man sehen, wo das Geld bleibt!
Ich merke, wie mir der Haß im Hals hochsteigt.
Zu häufig habe ich den gereizten Gesprächen meiner Eltern über geplatzte Wechsel und demütigende Bankbesuche gelauscht. Die Tür zum Eßzimmer geht auf, und da kommen sie herein, die Eltern:
Beide klein und dick, die Arme vorgestreckt, die Handflächen nach oben gekehrt.
»Das is' er also! Siegfried hat uns viel erzählt von dir!
Schön, daß De mal kommst! Bleibste zum Essen?
Schön, daß ihr euch versteht so gut!«
Sie sprechen mit einem merkwürdigen Akzent.
Und ihre Satzstellung ist nicht richtig.
Er trägt ein lächerliches besticktes Käppchen auf dem Hinterkopf, und ihre dicken Finger sind in

breite Ringe eingezwängt, als wären die beiden oberen Glieder nur aufgesteckt und die Nahtstelle unter dem Geschmeide verborgen. Wie die Kunstfinger aus meinem Zauberkasten. Sie sehen lächerlich aus.
Ich finde sie gräßlich.
Sie heißen Salomon. Und Siegfried ist der einzige, der Mittwoch die letzte Stunde frei hat. Denn da haben wir anderen Religion.
Ein paar Wochen später ist der Platz neben mir leer.
Die Salomons seien ausgewandert nach Amerika, heißt es.
Ich bin erleichtert.
Ein Fremdkörper ist ausgeschieden.
Ich bekomme einen neuen Banknachbarn. Sein Vater wird später Wehrbezirkskommandeur.
Er heißt Freiherr von Pöppinghaus.
Ich bin glücklich.

VIII

Es ist Ostern 1935.
Ich werde bald elf Jahre alt.
Wir sitzen in der Straßenbahn.
Mein Vater, meine Mutter, Tante Mieze und ich.
Wir sind zum Osterfrühstück zu Onkel Walter geladen.

Unser Dienstmädchen Luise hat frei bekommen.
Im Hause bleiben zurück: der schwarze Schäferhund Bob und der Graupapagei Coco.
Das heißt, eine einzige rote Schwanzfeder hat er noch.
Er ist ein alter griesgrämiger Herr.
Ein Großonkel hat ihn mal um die Jahrhundertwende aus Brasilien mitgebracht.
Mein Vater und seine Brüder haben ihm rüde, unanständige Wörter beigebracht.
Er benutzt sie zu meinem Entzücken besonders gern, wenn Tante Mieze Besuch ihrer ehemaligen Stiftsdamen bekommt.
Sein Käfig wird dann sofort mit seinem befransten Schlaftuch zugehängt.
Er krächzt zwar immer noch mißmutig vor sich hin, die unflätigen Flüche jedoch läßt er sein.
Bei schönem Wetter steht er auf dem Balkon, pfeift und ruft: »Küßchen, Küßchen!« »Lieb! Coco ist lieb!« und all das andere, das ihm regelmäßig zu der verfrühten Dunkelhaft verhilft.
Ich bin gerade in die Quinta des Gymnasiums versetzt worden und mache mir keine Illusionen darüber, daß meine auffallende Beliebtheit bei den Klassenkameraden in unmittelbarem Zusammenhang mit Coco steht.
Höhepunkt seiner Vorführungen ist mein letzter Geburtstag.
Wir sitzen im Dämmerlicht der völlig mit Geißblatt überwucherten Gartenlaube, trinken Tante Miezes schwache Erdbeerbowle, die ich mit einer

meinem Vater entwendeten Flasche Korn angereichert habe, sind nach wenigen Minuten stockbetrunken, krakeelen und lachen entsprechend, als Coco, verärgert, daß er nicht mit uns feiern kann, vom hohen Balkon herunterkrächzt:
»Leck mich am Arsch! Leck mich am Arsch!
Scheiße! Scheiße! Coco, pfui! Coco, pfui!«
Meine Freunde fallen wiehernd unter den Tisch und husten dort noch lange.
Coco lacht scheppernd.
Und ich bin tagelang Klassengespräch.
Ich habe ihm also einiges zu verdanken.
Und gieße ihm immer wieder heimlich ein paar Tropfen Aprikosenlikör in sein Wassernäpfchen und genieße es, wenn er dann genauso herumtorkelt wie die Arbeiter des Sägewerks, wenn sie am Zahltag von ihren Ehefrauen aus ihrer Stammkneipe gezerrt werden.
Die nicht zu überbietende Standardnummer jedoch, die nur durch das Phänomen des bedingungslosen Gehorsams, zu dem ein deutscher Schäferhund fähig ist, erklärt werden kann, besteht darin, daß Coco irgendwann einmal Pfiff und Ruf meines Vaters: »Bob, komm hierher!« so täuschend nachzuahmen versteht, daß Bob ihm sofort folgt.
Das hat sich schon vor meiner Geburt abgespielt.
Und da Coco, wenn er sich allein oder zurückgesetzt fühlt, regelmäßig Bob ruft und Bob regelmäßig ins Haus hetzt und auch durch wortreiche Erklärungen nicht zu überzeugen ist, daß er

gefoppt wurde, dieses Spielchen aber in der Regel zehnmal am Tage gespielt wird, kann man sich leicht ausrechnen, daß der Hund im Laufe der Jahre an die vierzigtausend Mal einem blinden Alarm zum Opfer gefallen ist.

Das ist eine traurige, aber wirkungsvolle Geschichte.

Und ich werde nicht müde, sie immer wieder und überall zu erzählen.

Die Bahn rumpelt über die Weichen vor dem Hauptbahnhof.

Wir steigen aus.

Auf einen Schubs meiner Mutter hin helfe ich Tante Mieze, die Schwierigkeiten mit dem hohen Trittbrett hat.

Onkel Walter ist mir unheimlich, weil er nur das Notwendigste spricht und auch das in den knappen Infinitiven des ehemaligen Bataillonskommandeurs.

Seit seiner Frühpensionierung beschäftigt er sich mit Heraldik, und seine Wappenentwürfe für neureiche Familien sind farbenfroh, phantasie- und beziehungsvoll und sehr gesucht.

Sie bringen ihm ein schönes Zugeld ein.

Tante Irma ist dürr und voller Leberflecken, um den faltigen Truthahnhals trägt sie stets ein schwarzes Kropfband mit Elfenbeingemme und spricht, da sie völlig unter dem Kommando des Oberstleutnants steht, überhaupt nichts, es sei denn man läßt mit dem Fragen nicht locker.

Die einzigen Geräusche in ihrer Wohnung sind

das Dauergekreische von drei Wellensittichen und das Ticken und Westminster-Schlagen der Wanduhr, die Onkel Walters Offizierskameraden ihm beim abrupten Ende seiner Karriere geschenkt haben.

Die Atmosphäre war mir so unheimlich, daß ich einen früheren Ferienaufenthalt bereits nach der ersten Nacht auf dem durchgelegenen Besuchssofa im Morgengrauen ohne Abschied beendete.

Seitdem sind unsere verwandtschaftlichen Beziehungen noch spröder geworden.

Im Schutze meiner Eltern fühle ich mich einigermaßen sicher vor bohrenden Nachfragen, die – ehrlich beantwortet – unweigerlich zu einer Familienkatastrophe führen müssen.

Das Osterfrühstück ist eine alte Tradition, deren Ursprünge sich irgendwo in feudaler ostelbischer Vergangenheit verlieren. Sie war früher mit der Speisung zahlreicher ergebener Knechte und Mägde verbunden, die durch die Widrigkeit der Zeitläufte heute auf unsere alte Luise zusammengeschrumpft sind.

Und die ist nicht einmal dabei.

Dadurch erscheint mir die bedeutungsvolle Zeremonie lächerlich, bei der Onkel Walter als Familienoberhaupt jedem ein Viertel eines hartgekochten Eis mit falschem Kaviar bepunktet in den Mund schiebt und dabei »Frohe Ostern« wünscht.

Blasphemische Bezüge zum Abendmahl vermag ich nicht herzustellen, da ich noch nie in einer katholischen Kirche war.

Wie setzen uns an den runden Tisch, den Tante Irma mit meinem Lieblingstischtuch gedeckt hat. Von ihr selbst gestickt:
Allerlei possierliche Szenen einer Osterhasenschule, in denen das Einfärben, Anmalen, Transportieren und Verstecken der Eier gelehrt wird. Nur das Herstellen wird nicht gezeigt. Und das beunruhigt mich, weil ich zwar nicht an den Klapperstorch, aber doch fest an den Osterhasen glaube. Ich habe ihn bei früheren Gelegenheiten immer wieder gesehen, seine schwere Kiepe auf dem Rükken.
Und dort, wo er gerastet hatte, auch jedesmal Marzipan-, Nougat- und Vollmilcheier gefunden. Denn bittere Schokolade mag ich nicht.
Und der Hase wußte das.
Ich finde mein Nest in wenigen Augenblicken, da es dilettantisch ohne Tarnung im Nähkorb von Tante Irma steckt.
Der Hase ist ein Anfänger, und gallenbittere Schokolade ist auch dabei. Natürlich.
Ich darf auf den winzigen Küchenbalkon hinaus, wo allerlei kümmerliche Kräuter in verschimmelten Töpfen dahinwelken.
Ich finde alles abscheulich hier.
Und schäme mich, daß ich so undankbar bin.
Ich gehe wieder hinein, klettere Tante Irma auf den knochigen Schoß, gebe ihr einen Kuß auf die faltige Wange, rieche ihren Lavendelduft, der mir sehr behagt, und empfange einen feuchten Schmatz: »Danke!«

Nur ihre Augen bleiben verwirrt und fragend. Mit diesem Liebesausbruch hat sie nicht gerechnet. Ich aber.
Ich bin ein berechnender kleiner Teufel und weiß ganz genau, daß damit meine Flucht vergessen ist.
Wir fahren nach Hause.
Mein Vater schließt das Gartentor auf.
Wir sehen uns befremdet an, daß uns Bob nicht heulend vor Freude entgegenspringt.
Wir rufen nach ihm. Er kommt nicht.
Wir gehen die Treppe hinauf. Erstarren:
Unser Wohnzimmer ist total verwüstet.
Die schwarze Ebenholzsäule mit den goldenen Empire-Applikationen ist umgestürzt.
Cocos Käfig, der sonst auf dieser Säule steht, liegt mit offener Tür auf dem abgetretenen Leopardenfell, das Onkel Paul aus Afrika mitgebracht hat, im Käfig ein Brei aus Wasser, Körnern, Sand und Vogeldreck, geschmückt mit Cocos letzter roter Schwanzfeder, wie das bunte Schirmchen im Eisbecher des Italieners an der Ecke.
Vor dem Käfig liegt Coco ohne Kopf.
Der Kopf selbst auf dem Rand des Ofenblechs und hinter dem Ofen Bob mit blutverkrusteter Schnauze und Augen, in denen Glückseligkeit und höchste Angst miteinander kämpfen.
Es gibt nur eine Erklärung:
Coco pfeift, Bob rennt, sucht überall, findet niemanden (sie sind das erste Mal in ihrem Leben allein!), Coco lacht, Bob merkt blitzartig, daß er jahrelang reingelegt worden ist, rechnet nach,

heiße Wut packt ihn, er springt hoch, die Säule fällt um, die Käfigtür springt auf, und was nun folgt, ist klar.
Ich kriege einen Lachanfall.
Tante Mieze haut mir eine runter.
Es ist ihre erste Ohrfeige.
Sie erschrickt mehr darüber als ich.
Ich grabe mit meinem Kinderspaten ein Loch im Garten.
Unter dem Rhododendronbusch.
Coco paßt in eine Zigarrenkiste meines Vaters.
Tante Mieze hat sie mit österlichem Geschenkpapier ausgeschlagen.
Seinen Kopf hat sie so auf dem Körper drapiert, daß er fast (wieder) wie ganz aussieht.
Mein Vater hat die Kiste mit drei kleinen Stiften zugenagelt.
Ich grabe sehr tief, damit Bob sie nicht ausgraben kann.

IX

Es ist Juni 1936.
Ich bin zwölf Jahre alt.
Ein Sommerabend.
Ich spiele vor dem Haus meiner Großeltern: Schmettere krachende Elfmeter auf das grüne Hoftor der Metzgerei gegenüber.

Jeder Schuß sitzt.
Es gibt keinen Torwart.
Ich bin geschickt mit dem Ball.
Aber nur mit dem linken Fuß.
Wenn ein Wagen oder ein Bus kommt, schieße ich ganz besonders knapp hinter ihm vorbei.
Springt der Ball vom Eisentor zurück, stoppe ich ihn weich.
Ich habe das in der Schülermannschaft gelernt.
Ich bin gut in Form heute.
Meine Schüsse fallen immer dichter.
Gleich wird meine Großmutter zum Abendessen rufen.
Ich bin im Spielrausch. Ich bin sehr glücklich.
Ich warte ganz konzentriert auf den zurückfliegenden Ball, da springt jemand dazwischen und nimmt ihn aus der Luft.
Heinz ist zwei Jahre älter, hat gerade eine Schreinerlehre begonnen.
Er ist der Rothaarige aus dem Kinderbuch:
Sommersprossig, fahlhäutig, schlaksig.
Er ist kein Freund von mir.
Er hat mich, den Gymnasiasten, den Enkel vom Sanitätsrat, immer mit unsicherer Herablassung behandelt.
Ich traue ihm nicht.
Ich habe Angst, daß er etwas von den verbotenen Sachen erzählt, die ich mit ihm und seinem Bruder Walter in unserer Gartenlaube treibe.
Wenn wir uns gegenseitig die Hosen öffnen und in rasendem Tempo einen runterholen.

Bei mir kommt noch nichts.
Aber ein wunderbarer warmer Schmerz steigt mir in den Kopf. Und wir keuchen und wechseln die Hand und haben glühende Gesichter, und ich bin immer zuerst fertig, dann Walter und dann Heinz.
Und bei dem kommt es schon.
Ich sehe zu, aufgeregt, aber auch angewidert.
Ich mag diesen Geruch nicht aus Harn und Hitze.
Und ich mag dieses rote Ding nicht, das so widerlich nackt aussieht.
Und dann der verschlagene Blick, ob uns jemand gesehen hat:
Und das leicht wunde, schmerzende Etwas wieder in der kurzen Hose verpackt.
Und auf einmal kein gutes Gefühl mehr, sondern schlechtes Gewissen und einen pelzigen Geschmack im Mund.
Ich nehme den zurückfliegenden Ball mit dem Kopf an.
Und Heinz schießt ihn mit einem Rückzieher unhaltbar ins Tor. Es ist eine gelungene Kombination, und wir gehören ganz stark zusammen in diesem Augenblick.
Wir lachen und schreien und schießen wie rasend und laufen auf das grüne Tor zu, so daß wir immer weniger Zeit haben, den Ball anzunehmen.
Bis er zwischen uns hindurchspringt und den Bus trifft, der hinter uns zum Hafen fährt.
Der Fahrer droht böse, und wir drohen übermütig zurück.
Wir sind uns so nah wie nie zuvor.

Ganz frei fühle ich mich und stark.
So sieht das Glück aus!
Oben im dritten Stock wird knarrend ein Rolladen herausgestellt.
In seinem Schatten sehe ich undeutlich den gescheitelten Kopf von Heinz' Mutter.
»Komm rauf. Abendessen.«
»Gleich.«
»Nein, nicht gleich: Sofort!«
Und als sie den Laden schon wieder zuzieht, sehr viel leiser, aber noch deutlich zu verstehen:
»Mußt du denn immer mit dem Judenbub spielen.«
Ich tue so, als hätte ich nichts gehört. Das Blut schießt mir in die Ohren.
Ich schlucke meinen Speichel herunter.
»Ich gehe dann mal rauf.«
»Ich muß auch gleich rein.«
Und Heinz wirft mir den Ball zu, nimmt seine abgeblätterte Kunstlederaktentasche und geht mit gespielter Lockerheit ins Haus.
Das ist das erste Mal, daß ich es gehört habe: »Judenbub«.
Ich schäme mich.
Ich finde mich widerlich.
Ich sehe mich um, ob es noch jemand anders gehört haben könnte.
Die Läden sind alle geschlossen. Die Fenster dahinter offen.
Es war ein heißer Tag.
Hinter jedem Laden kann einer stehen.

Ich tippe gespielt lässig den Ball auf und springe die ausgetretene Sandsteintreppe ins Haus hinein.
Ich werde nichts sagen.
Ich werde niemals jemandem etwas sagen.
Ich will kein Mischling sein.
Ich bin keiner.
Ich weiß, daß ich einer bin.
Man hatte es mir im vorigen Jahr sagen müssen.
Als die beiden SA-Leute vor der Praxis meines Großvaters Posten bezogen.
»Jüdischer Arzt.«
Aber sie standen nur ein paar Stunden da.
Ich hatte sie nie gesehen.
Hätte ich es vorher gewußt, wäre ich in meiner Jungvolkuniform erschienen, hätte mit »Heil Hitler« gegrüßt und wäre zwischen ihnen durchgegangen. Ich wäre . . .
Niemand darf wissen, daß ich ein sogenannter »jüdischer Mischling« bin.
Ich trage einen adligen Namen, und selbst der »schuldige« Teil, der Vater meiner Mutter, hat einen Namen, der nicht unbedingt jüdisch klingt.
Er war Oberstabsarzt im ersten Weltkrieg.
Bereits seine Eltern hatten sich zwei Wochen vor ihrer Hochzeit taufen lassen.
Er ist deutsch-national.
Er ist überall geachtet.
Er ist Vorsitzender des Ruderclubs.
Er ist Vertrauensarzt der Bahn: Sanitätsrat.
Er kann die echten Juden nicht ausstehen. Er ist keiner von ihnen.

Auch ich finde sie schmierig und lächerlich, die paar Orthodoxen in unserer kleinen Stadt, wenn sie im Kaftan und mit schwarzem Hut, unter dem sich die fettigen Schmachtlocken hervorkringeln, zur schäbigen Synagoge laufen.
Und besonders die beiden Jungen in meinem Alter.
Sie sehen käsig und krank aus, wie in den Karikaturen des »Stürmer«, der kaum zehn Meter vom Haus der Großeltern entfernt an der Mauer der Konditorei hängt.
Obwohl: Da gibt es auch jedesmal auf der ersten Seite eine Karikatur mit einer assimilierten jüdischen Familie.
Und der kleine Junge: Sieht der nicht genauso aus wie ich?
Ich wage immer nur vor dem Kasten stehenzubleiben, wenn sich niemand dazustellen kann.
Vielleicht würde auch ihm die Ähnlichkeit auffallen.
Natürlich sehe ich nicht so aus.
Er hat eine viel krummere Nase als ich.
Und die Ohren stehen noch mehr ab.
Trotzdem: Immer wieder erwische ich mich dabei, wie ich mir mit dem Zeigefinger die Nase nach oben schiebe und sie oft abends im Bett einige Minuten lang so halte.
Ich will nicht wie ein Jude aussehen.
Juden sehen widerlich aus.
In der Nacht darauf bekomme ich meinen ersten Asthmaanfall . . .

X

Es ist August 1936.
Ich bin zwölf Jahre alt.
Olympische Spiele in Berlin.
Ich verbringe die Ferien auf einem Gutshof, den mein Onkel leitet. Er ist mit einer Schwester meiner Mutter verheiratet.
Ich habe zwei Vettern. Der eine ist vierzehn, der andere sechzehn Jahre alt.
Sie sind Mischlinge wie ich.
Aber sie sehen überhaupt nicht jüdisch aus.
Bei ihnen ist der arische Vater, der Diplom-Landwirt, durchgeschlagen.
Er ist sehr groß, hager, nackter Schädel, Hakennase, Reithosen, Ledergamaschen, Spazierstock.
Seine braunschwarz getigerte Dogge umkreist ihn in endlosen Spiralen.
Er geht so schnell, daß ich neben ihm herlaufen muß.
Ich habe das Gefühl, daß er mich nicht gern auf seinem Kontrollgang mitnimmt.
Sicher gefällt ihm mein Aussehen nicht.
Ich kehre bald um.
Er scheint erleichtert.
Ich gehe in den Kuhstall.
Die beiden Schweizer sind beim Melken.
Hängen schräg auf ihren Schemeln, den Kopf in die mistverschmierte Flanke der Kuh gedrückt, die mit tropfender Nase vor sich hinmahlt.

Die dampfende Milch prasselt in scharfem Strahl in den Eimer. Die schmutzige Schwanzquaste wedelt dem Melker um die Ohren.
Er flucht.
Ein riesiger brauner Haufen klatscht auf den Stallboden. Ein paar Spritzer landen dicht vor meinen Sandalen. Ich springe zurück.
Ich bekomme augenblicklich keine Luft mehr.
Und schäme mich, so empfindlich zu sein.
Warum sind die anderen Jungen anders?
Meine Vettern zum Beispiel?
Juden sind keine Bauern. Sie sind Künstler, Händler.
Sie machen sich nicht die Hände schmutzig.
Ich muß dagegen ankämpfen.
Ich nehme dem Schweizer den vollen Eimer ab, schleppe ihn mit beiden Händen vor mir her, Milch schwappt mir über die Knie. Ich gieße die lauwarme, dumpf riechende, weißliche Brühe durch ein Sieb in die Kanne.
Schaum quillt hoch, ein Stückchen Mist, ein Strohhalm, zwei winzige Fliegen.
Ich drehe den Kopf zur Seite. Ich kann es nicht sehen. Ich kann es nicht riechen.
Ich kann keine Milch trinken.
Wenn ich die weißen Schlieren an den Gläsern meiner Vettern sehe und die weißen Ränder auf ihren Lippen, dann ekle ich mich und weiß, daß dieser Ekel mit meiner Abstammung zusammenhängen muß: Mischlinge sind dekadent.
Niemand darf etwas merken.

Ich trage den leeren Eimer zurück und trete dabei absichtlich in den Rand des dampfenden Haufens: »Pfui Deibel.« Und ich lache. Und der Schweizer lacht zurück. Er kann nichts gemerkt haben.
Ich tätschele einer Kuh lässig den verkrusteten Hintern und schlendere pfeifend ins Freie hinaus. Es geht mir sofort besser.
Meine Tante backt die Sonntagskuchen.
Rhabarber, Heidelbeer, Streusel, Käse.
Ich stelle das Kuchenblech zum Abkühlen auf den Kleiderschrank in meinem Zimmer.
Vor die Gläser mit Quittengelee, Erdbeermarmelade, Himbeergelee, Apfelkompott, roten Sauer- und schwarzen Süßkirschen.
Ich liebe den Duft, die Farben, die Fülle, die Ordnung.
Ich liebe das Landleben. Aber nicht den Stall.
Ich bin ein jüdischer Adliger, ein adliger Jude. Ich bin gar nichts.
Ich klaube mir einen dicken, warmen, nach Butter, Hefe, Zimt und Zucker schmeckenden Streusel vom Blech (presse die danebenliegenden in das verräterische Loch), schiebe ihn mir in den Mund, klemme ihn mit der Zunge an den Gaumen und lasse ihn dort genießerisch zergehen.
Und habe ein schlechtes Gewissen, weil Genuß verweichlicht, weil er unmännlich ist. Man sieht es bei den Franzosen.
Ich renne zum Radio.
Wir haben heute schon wieder drei Goldmedaillen gewonnen, zwei silberne, vier bronzene.

Die Olympischen Spiele gehören uns.
Selbst diese großkotzigen Amerikaner sind geschlagen. Von den anderen nicht zu reden. Ist es nicht wunderbar! Nur drei Jahre haben genügt, und wir Deutsche sind auch hier die Besten.
1932 in Los Angeles, da rangierten wir noch unter »ferner liefen«. Und jetzt dieser Erfolg.
Ich bin stolz.
Und weiß zugleich, daß ich nicht stolz sein kann, nicht sein darf. Denn ich gehöre nicht dazu.
Ich trage die Medaillen in meine Liste ein, die ich mir mit Lineal und Linienpapier angefertigt habe, addiere und vergleiche. Eine frisch gemalte Acht zerfließt zu einem Tintenfleck und eine Drei daneben zieht sich einen dünnen blauen Vorhang vor:
Ich weine, ich weine bestimmt schon einige Zeit.
Ich habe es gar nicht gemerkt.

XI

Es ist Winter 1937.
Ich bin dreizehneinhalb Jahre alt.
Ich empfange eine kratzige, knielange Badehose mit der rotgewirkten Inschrift: Städt. Badeanstalten.
Dazu ein verwaschenes Handtuch und eine eingerissene schwarze Gummikappe.

Der fette Bademeister im weißen Polohemd und hölzernen Gesundheitssandalen sieht mich besonders scharf an, als er meine eine Mark Pfand entgegennimmt.
Es ist elf Uhr vormittags.
Ich müßte eigentlich in der Schule sein.
In fünfunddreißig Minuten muß ich wieder in meiner Klasse sitzen.
Dann ist die Turnstunde vorbei, von der ich mich habe freistellen lassen.
Ich habe eine Leistenzerrung simuliert, und der Lehrer ist darauf hereingefallen.
Ich bin auf meinem Ballonrad hergerast, immer in der Angst, daß mich jemand sehen könnte, habe mir eine Eintrittskarte für die Gemeinschaftskabine gelöst, den prüfenden Blicken der Kassiererin standgehalten.
Ein einzelner Junge.
Während der Schulzeit.
Ohne Badezeug.
Das muß verdächtig sein.
Ich fühle mich beobachtet.
Ich habe Angst.
Der Bademeister pfeift ein paar Schüler zurück, die sich gegenseitig vom Dreimeterbrett stoßen.
Ich finde einen freien Haken, hänge Mantel, Jacke, Pullover daran.
Ziehe meine Schuhe aus, stopfe meine Kniestrümpfe hinein. Schiebe sie unter die Bank, hinter den Rost, der feucht ist und nach Chlor und Schweiß riecht.

Als ich mein Hemd aufhängen will, rutscht es mir aus der Hand und fällt in eine Lache, die auf der gewölbten Bank steht.
Ich weiß, daß es nur ausgewrungenes Wasser aus der Badehose meines Vorgängers sein kann.
Aber ich ekle mich trotzdem.
Ich reibe das Hemd mit dem Handtuch trocken und merke, wie mir die Hände zittern.
Ich versuche mit dem Gesicht zur Wand, meinen Atem unter Kontrolle zu kriegen, und wische zur Tarnung ziellos auf und ab.
»Fehlt dir was?«
Der Bademeister steht in der offenen Tür und wirbelt seine Trillerpfeife an der schwarzen Schnur um den Finger.
»Wieso? Was soll mir fehlen?«
Er hat mich beobachtet. Er weiß alles. Ich bin entdeckt.
»Ich dachte, dir ist schlecht!«
Er klappert in den Duschraum. Mein Atem kehrt zurück.
Ich möchte mich am liebsten wieder anziehen und alles sein lassen. Aber das wäre noch verdächtiger.
Ich muß weitermachen.
Sie können gar nichts wissen. Ich spinne. Ich darf keine Angst zeigen. Dann kann mir nichts passieren.
Die Badehose ist in den Oberschenkeln zu eng und reicht mir bis zum Knie.
Die kneifende Badekappe läßt meine Ohren abstehen und meine Stirn fliehend erscheinen.

Ich schlage sie auf der Seite hoch, versuche ein paar Haare herauszuzupfen.
Es wird nicht besser. Ich finde mein Spiegelbild widerlich.
So sieht ein Verbrecher aus. Ein jüdischer Verbrecher.
Und was ich vorhabe, ist ein Verbrechen.
Ich will ohne Duschen ins Schwimmbecken. Fühle mich aber beobachtet, stelle mich sofort unter die kalte Brause, drücke das Kreuz durch, als mich der eisige Strahl trifft.
Die nasse Badehose saugt sich in den Schritt.
Ich springe mit einem mißlungenen Kopfsprung ins Wasser. Treffe fast einen auftauchenden Schüler, der eine Zahnspange trägt.
Der Bademeister pfeift und droht mit dem Finger.
Ich entschuldige mich mit wedelnder Hand.
Schwimme ein paar Stöße im überfüllten Becken, kämpfe mich durch kreischende und wasserspritzende Schüler.
Der Bademeister ist nicht zu sehen.
Ich klettere heraus, schüttele mich.
Ich habe noch fünfundzwanzig Minuten Zeit.
Schlendere verkrampft durch den Umkleideraum zur Toilette, die unten und oben offen ist. Ich drehe den Riegel herum, klettere auf die Brille, die ich mit Papier ausgelegt habe. Muß mich auf die Fußspitzen stellen, halte mich am Rohr der Wasserspülung fest und taste nach dem Geldbeutel, der auf dem Schwimmer des Kastens liegen muß.
Ich spüre ihn mit den Fingerspitzen.

»Was machst du da?«
Der Geldbeutel plumpst ins Wasser.
Ich bekomme keine Luft mehr. Drehe mich um. Der Bademeister schaut über die Tür zu mir hoch.
»Die Spülung hat geklemmt. Aber jetzt geht sie wieder.«
Er glaubt mir nicht. Es ist alles aus.
»Laß mich mal. Mach auf!«
Ich klettere herunter, öffne, der Bademeister zieht an der Kette, die Wasserspülung rauscht.
»Na, also!«
Er bleibt wartend an der Tür stehen.
»Ich war noch nicht fertig.«
Er glaubt mir nicht, aber er dreht sich um.
Ich verriegele die Tür, setze mich auf die Brille, sehe unter der Tür, wie sich seine rotverquollenen Füße in den Sandalen entfernen.
Höre seinen Schritten nach.
Ich klettere wieder hoch, ganz vorsichtig richte ich mich auf.
Es ist niemand zu sehen.
Ich muß an den Geldbeutel ran.
Wenn sie ihn finden, ist alles verloren.
Ich kann ihn nicht erreichen. Ziehe mich am Rohr hoch, stütze mich mit nassen Füßen an die verschmierte Kachelwand. Rutsche ab. Hangele mich wieder hoch, fische mit langen Fingern im Wasser herum, fühle Glibber und Rost, ich komme nicht heran. Mit letzter Kraft ziehe ich mich noch höher, dabei reiße ich den Schwimmer aus seiner Verankerung, ich kann nicht mehr.

Ich keuche vor Anstrengung.
Ich gebe auf. Ich fliehe. Beim dritten Klingelzeichen sitze ich wieder in der Bank.
Seit einem halben Jahr habe ich Italienisch als Wahlfach.
Es ist die Zeit der Achse Berlin – Rom.
Ich habe Französisch abgewählt, weil ich deprimierend unbegabt für diese Sprache bin.
Ein Nasal am Ende des Satzes versetzt mich in solche Panik, daß ich bereits den ersten Vokal des Anfangwortes verfärbe. Italienisch unterrichtet der durch den Krieg reaktivierte Direktor unseres Gymnasiums.
In der Sexta habe ich noch den Fackelzug erlebt, mit dem er verabschiedet wurde.
Er trägt ein Plastron. Er sieht meinem Großvater ähnlich.
Ich verehre ihn.
Ich bin sein Lieblingsschüler, weil ich – ohne Anstrengung – die beste Aussprache habe.
Er ruft mich nur auf, wenn es etwas vorzulesen gilt.
Heute haben wir ein Diktat aus den »Promessi Sposi«.
Es ist mein Lieblingsbuch. Ich habe es so oft gelesen, daß ich mühelos folgen kann.
Seit drei Monaten bin ich Mitglied einer »Bande«, die sich aus Jugendlichen meiner Straße zusammensetzt.
Da wir in einer Arbeitergegend wohnen, sind außer mir alle in der Lehre. Die meisten sind älter als ich.

Einmal in der Woche, Freitag abends, gehen wir zusammen schwimmen.
Regelmäßig werden dabei in der Gemeinschaftskabine alle Hosen und Jackentaschen durchsucht, bis wir das Geld zusammenhaben, um uns am Automaten des Delikatessenladens Trauben, Schokolade, Studentenfutter, Nappo-Blocks, getrocknete Bananen zu ziehen, die wir auf dem Heimweg hastig und aufgeregt herunterschlingen.
Ich stehe in der Hierarchie so weit unten, daß ich nur Schmiere stehen darf. Ich bin froh darüber. Denn ich bin zu feige zum Klauen.
Gestern abend war der Raubzug besonders ergiebig.
Über zwanzig Mark haben wir zusammen, als einer der Bestohlenen verfrüht Alarm schlägt und unser Anführer gezwungen ist, die Beute im Spülkasten zu verstecken.
Nur ich habe die Möglichkeit, sie am nächsten Morgen zu holen. Es ist meine Chance, ein gleichberechtigtes Mitglied zu werden.
Ich habe kläglich versagt.
Die »Bande« stößt mich aus.

XII

Es ist Frühjahr 1938.
In zwei Monaten werde ich vierzehn.

Ich bin gerade in die Obertertia versetzt worden. Mein Gymnasium mit großer humanistischer Tradition hat die Ausweitung des Biologie-Unterrichts auf die Rassenlehre bisher nur kleinmütig mitgemacht.
Jetzt aber hat ein neuer Oberstudienrat den Unterricht übernommen.
Er ist der einzige Lehrer, der häufig in Uniform in die Schule kommt: Reiter-SA.
Mit kurzer Bürstenfrisur, eisgrauem militärischem Schnurrbart und angestrengter Hohlkreuzhaltung versucht er den Eindruck des wettergegerbten Einzelkämpfers zu erwecken. Ein tief ansetzender durchhängender Bauch zerstört jedoch, besonders im Profil, erbarmungslos all seine Bemühungen.
Er trägt einen ungefaßten Zwicker, etliche Ordensbänder aus dem ersten Weltkrieg und einen großen Siegelring mit blauem Stein am kleinen Finger der linken Hand.
Wir können ihn alle nicht leiden und – wir haben alle eine unbestimmte Angst vor ihm.
Wir lernen die Mendelschen Gesetze auswendig, zeichnen bunte Schautafeln der gemeinen Fruchtfliege »drosophila melanogaster« nach, die sich durch ihren ungebärdigen Vermehrungswillen besonders zum Beweis der Vererbungslehre eignet, betreiben »Rückkreuzung mit dem rezessiven Großelternteil« schwarzbunter Kaninchen.
Aber eigentlich interessiert uns nur das zerlegbare Modell einer Frau, das in einer Ecke des Biologiezimmers in einem gläsernen Schrank steht.

Hinter dem, wie ich später mit einem Schock feststelle, idealisiert dargestellten Vaginateil liegen bedrohliche zitronengelbe Gebilde, die den Namen Eierstöcke tragen. Dann gibt es eine dunkelblaue Blase, die Gebärmutter heißt.
Bis heute verbinde ich mit allen inneren Organen die provozierenden Farbwerte unseres Demonstrations-Torsos.
Vielleicht sind sie die Quelle meines Widerwillens gegen Operationen, pornographische Darstellungen, Geburtsvorgänge.
Knarrende Schritte neuer Reitstiefel auf dem Korridor, hastiger Versuch, alle Innereien wieder in die Bauchhöhle zu stopfen, ein Eierstock klemmt, er verschwindet in der Tasche eines Klassenkameraden, der zart gewölbte Nabelteil flutscht in die Fugen: vor Lachen glucksend rasen wir zu unseren Bänken.
»Heil Hitler O IV a!«
»Heil Hitler, Herr Oberstudienrat!«
Unser Ernst wirkt wohl zu bemüht.
Er blickt irritiert.
Dreht sich nach dem Gruß zur Tafel und kontrolliert, wir beobachten es amüsiert an der Bewegung seines Ellenbogens, ob der Schlitz seiner senfbraunen Reithose geschlossen ist.
Unsere Gesichter spannen sich zur gebotenen Aufmerksamkeit.
Er setzt sich erleichtert und voller Energie auf den verkratzten Lehrerstuhl.
»Ich möchte mich heute mit Ihnen« – er ist der ein-

zige Lehrer, der uns schon konsequent mit ›Sie‹ anredet – »über die indogermanischen Rassen unterhalten und über ihre typischen Merkmale!«
Das ist der schreckliche Augenblick, von dem ich schon seit Jahren wußte, daß er kommen muß.
Augenblickliche Atemnot.
Die ersten Pfeifer eines Asthmaanfalls.
Ich sehe verkrampft und ziellos blätternd in mein Biologiebuch, merke, wie meine Hände zittern, und hasse mich, wie ich mich noch nie gehaßt habe.
Ich habe mir diese Abbildungen immer wieder angesehen: Der nordische Mensch!
Der westische oder ostische, der ostbaltische, der dinarische ...
Ich habe mir aus all den Körper- und den Kopfformen, den Augen-, Mund-, Kinn-, Ohren- und Nasendetails verzweifelt ein Konglomerat zusammengegossen, das auf mich passen könnte, das mich durchschlüpfen läßt durch das Sieb des »Indogermanischen«.
Immer wieder habe ich mit Erleichterung gelesen, daß die einzelnen Rassen – zumindest in unseren Breitengraden – kaum mehr rein anzutreffen sind, daß Völkerwanderung, Kreuzzüge, römische Besetzung zu allen möglichen Mischungen geführt hätten.
Und die sind auch alle in Ordnung, so lange nichts Jüdisches dazwischen ist. Zumindest nicht in den letzten drei Generationen. Denn so lange zurück wird kontrolliert.

Natürlich ist das alles lächerlich.
Aber das empfinde ich nur so, wenn ich mich mal wieder ganz stark fühle.
Und im Augenblick fühle ich mich elend.
Wenn ich dadurch nicht alles noch auffälliger machte, so würde ich, Übelkeit vorschützend, bitten, austreten zu dürfen.
Die Angst vor Entdeckung ist die Angst meines Lebens.
Ich weiß, wenn die nächste halbe Stunde ohne Entdeckung vorübergeht, bin ich wieder für einige Zeit geschützt. Vielleicht für Jahre.
Meine Atemnot wird größer. Ich habe den Mund geöffnet und atme so flach und kurz, wie ich kann. Nur ich höre das leichte Pfeifen. Ich habe das trainiert: Haltung, Disziplin, Haltung...
Wir gehen mit ihm gemeinsam die rassentypischen Merkmale durch.
Er ruft Hans nach vorne und mißt seinen Schädelindex: das Verhältnis von Jochbogenbreite zu Stirn-Hinterkopflänge.
Er klassifiziert ihn als nordisch-ostisch-dinarisch in Prozentzahlen, die weit über die Hundert hinausschießen, so bunt sei er zusammengesetzt.
Ich sehe nicht nach links, nicht nach rechts.
Ich glaube die Blicke aller zu fühlen.
Er ruft Karl-Heinz nach vorn.
Und Volker.
Und sagt, daß wir es hier mit phänotypisch ungemein sauberen Exemplaren der nordischen Rasse zu tun haben.

Es klingelt.
Ich komme nicht mehr dran.
Ich bin gerettet.
Karl-Heinz und Volker sind meine besten Freunde.

XIII

Es ist Sommer 1938.
Ich bin gerade vierzehn Jahre alt geworden.
Ich habe den Wasserhahn in der Küche aufgedreht und spüle mein Sperma hinunter.
Es ist gelblich und dick und will nicht durch das Ablaufsieb hindurch.
Ich helfe mit dem Finger nach.
Ich ziehe eine Stecknadel aus dem Revers meines Sakkos und bohre ein Loch in den Wandkalender der »Grünen Post«, der über dem Spülbecken hängt.
Seit einem Jahr mache ich das.
Ich versuche damit, meine Sucht zu kontrollieren.
Eine Sucht, die mich dazu zwingt, jeden Tag zu onanieren.
Manchmal auch mehrmals am Tag.
Ich bin sicher, daß diese Sucht auf meine Abstammung zurückzuführen ist.
Auch mit dem besten Freund spricht man nicht über Perversionen.

Und Onanie ist eine Perversion.
Seit zwei Wochen »kommt es mir«.
Ich habe diese herbeigesehnte Premiere nicht einmal richtig mitgekriegt, da sie im Traum, im Schlaf passierte.
Ich habe den verräterischen Fleck mit einem nassen Handtuch herauszureiben versucht, das feuchte Bettlaken von der Matratze hochgezogen, ein Taschentuch darunter gestopft.
Ich hasse mich wegen meiner Haltlosigkeit.
Ich kämpfe dagegen an.
Indem ich, nur mir sichtbar, Löcher in den Wandkalender bohre:
Zumindest zwei Tage in der Woche muß ich »rein« bleiben.
Ich schaffe es nicht.
Ich bin der Mischling, wie er in den Biologiebüchern geschildert wird:
Sex-besessen und charakterlos.
Ich onaniere und denke dabei an große Busen, kleine Popos, enge Mösen, muskulöse Schenkel, lange Finger, dicke Zungen, die meine Eichel umschließen.
Ich komme so schnell, daß ich eine Erklärung dafür nur in meiner Abstammung finde.
Ich bin minderwertig. Niemand darf es erfahren.

XIV

Es ist August 1939.
Ich bin fünfzehn Jahre alt.
Seit zwei Tagen haben wir keine Schule mehr: wir bringen mit einem Lastwagen der Polizei Verpflegung zu den Luftschutzwachen.
Zweihundertzehn Portionen Fleischwurst, Margarine, Streichkäse, Brot, Marmelade, Kunsthonig, große Kübel mit Erbsensuppe, mit gesüßtem Tee, mit Malzkaffee.
Wir bringen sie in Schulen, Fabriken, Ämter, in denen die Wachen eingerichtet sind.
Eifrige Familienväter empfangen uns, mit Luftschutzhelm, Armbinde, Gasmaske.
»Was gibt's denn heute?« »Dasselbe wie gestern!«
»Scheiße!« Aber es klingt nicht allzu böse.
Alle sind von der guten Sache überzeugt.
Und von der Wichtigkeit ihrer Aufgabe.
Sie genießen es, daß man sie aus dem eintönigen Trott ihrer Arbeit herausgeholt hat.
Sie schieben Tag und Nacht Wache, Feldstecher umgehängt, üben Brandbekämpfung, haben Erste-Hilfe-Kurse, Gasalarm, erzählen sich wunderbare Geschichten aus dem Krieg, den sie alle an vorderster Front mitgemacht haben. Natürlich!
Viele tragen Ordensbändchen in den Knopflöchern ihrer Windjacken, bedauern, daß sie schon zu alt sind, um noch mit der Waffe dienen zu dürfen.

Denn allen ist klar, daß »uns gar nichts anderes übrigbleibt als zurückzuschlagen«.
Und das bedeutet Krieg.
Sie haben ihn erlebt.
Schreckliche Geschichten,
heldenhafte Geschichten,
komische Geschichten,
traurige Geschichten.
»Es hat uns nichts geschadet. Und euch würde es auch nichts schaden. Aber ihr seid zu jung. Ihr kommt gar nicht mehr ran!«
Und dann lachen wir gequält.
Denn die Alten haben recht.
In spätestens einem Jahr wird der Krieg aus sein.
Und wir haben ihn gewonnen.
Lebensraum im Osten und Frankreich am Boden.
Und England bleibt neutral.
Und was wird dann aus mir?
Ich habe keine Chance gehabt, mich auszuzeichnen.
Und ich werde auch nie die Chance haben, in diesem neuen »Großdeutschland« die Rolle zu spielen, die ich spielen könnte.
Denn ich bin jüdischer Mischling.
Ich kenne die Nürnberger Gesetze.
Ich weiß, was ich nicht werden kann, wen ich nicht heiraten darf. Ich weiß es.
Aber wenn dieser Krieg länger dauert, dann werde ich mich so auszeichnen, daß der Führer eine Ausnahmegenehmigung machen muß und mich zum Ehrenarier ernennt.

Und dann...
Der Krieg muß länger dauern.
Ich werde mich ganz früh freiwillig melden.
Ich werde...
Habe ich denn nicht jetzt schon als Jungvolkführer bewiesen, daß ich so gut bin wie die anderen?
Manchmal habe ich Angst.
Weil ich weiß, daß ich eigentlich gar nicht so gut sein darf.
Aber, wenn ich so gut bin, müssen sie dann nicht eine Ausnahme machen?
Ich muß mich ganz tief bücken, um die Verpflegung ans Ende des Lastwagens zu schieben.
Wir haben die Pritsche kurz vorher mit einem Schlauch unter großem Gelächter ausgespritzt.
Der Boden ist glitschig.
Die oben offene Kiste ist sehr schwer.
Sie hat scharfe Kanten.
Ich schiebe sie mit aller Kraft.
Mein Hals schwillt vor Anstrengung an.
Es gibt niemanden, der so viel Angst vorm Fallen hat wie ich.
Ich stemme meine nassen Schuhe gegen eine Querleiste, rutsche ab und falle mit der Nase auf die Kante.
Ein wahnsinniger Schmerz.
Bevor ich ohnmächtig werde, denke ich noch:
»Jetzt hast du keine jüdische Nase mehr, Gott sei Dank.«

XV

Es ist Ende Juni 1940.
Ich bin gerade sechzehn Jahre alt geworden.
Ich habe die Beine um eine Straßenlaterne geschlungen. Die Füße stützen sich auf der Rosette über dem Sockel ab.
Die Hände umklammern den Zapfen, den der Lampenkontrolleur für seine Leiter benutzen soll.
Die Lampe ist immer wieder dunkelgrün nachgestrichen worden. Ein paar verkrustete dicke Tropfen kratze ich mit dem Fingernagel ab.
Ich bin sehr aufgeregt.
Ich schabe mir die Farbe unter dem Nagel heraus. Schnipse sie in die Luft. Sie fliegt einer Frau auf den blumengeschmückten Strohhut. Sie merkt nichts.
Mit mir warten Hunderte.
Heilrufe, die immer näher kommen.
Der erste Wagen biegt um die Ecke.
Ein großer grauer Mercedes.
Die Scheinwerfer tragen Verdunkelungslarven.
Auf den Trittbrettern des Wagens stehen Offiziere der Waffen-SS.
Im offenen Fond sitzen zwei Majore, ihnen gegenüber ein Generalleutnant, ein Generaloberst.
Das Ritterkreuz über dem Pour le Mérite unter den roten Kragenspiegeln mit der goldenen Sternschnuppe. Der zweite Wagen, eine riesige schwarze Horch-Limousine.

Geschlossen, die Fenster verhangen.
Und wieder ein grauer offener Mercedes.
Generalstäbler, Adjutanten, Offiziere der Leibstandarte.
Ein roter Teppich.
Zwei grünglänzende Buchsbäume.
Die Ehrenwache präsentiert das Gewehr.
Ordensgeschmückte Stabsoffiziere des Empfangskomitees, graue Wildlederhandschuhe am gelackten Mützenschirm.
Noch während der Wagen ausrollt, springen die Begleitoffiziere ab.
Reißen die Türen auf.
Die Generäle erheben sich.
Heilrufe.
Begeisterung umschließt mich wie eine Dunstglocke.
Ich reiße den rechten Arm hoch.
»Heil!«
Verliere den Halt. Drehe mich.
Klammere mich wieder fest.
Ich weine.
Vor Stolz, vor Glück, vor Aufregung.
Die Generäle wenden sich vor dem Hoteleingang noch einmal grüßend um. »Sieg Heil. Sieg Heil!«
Der geschlossene Horch rollt vor.
SS-Offiziere öffnen die Türen, nehmen Haltung an.
Es wird ganz still.
Die Leute unter mir stellen sich auf die Zehenspitzen.

Die Frau mit dem Blumenhut hebt ihren pausbäckigen Sohn hoch.
Hohe steile Mützen in Blau und Grau. Goldverschnürungen auf dem Deckel, Sterne über dem Schirm. Braunes Koppelzeug, blanke Reitstiefel.
Französische Generäle.
Die Waffenstillstandskommission.
Sie grüßen mit durchgebogener Hand. Beflissene Adjutanten mit dicken Aktentaschen.
Kein Laut aus der Menge.
Triumph, Genugtuung, Stolz.
Frankreich, der Erbfeind, in sechs Wochen besiegt, überrollt, die Engländer vom Festland vertrieben.
Die Schmach des Versailler Diktats getilgt.
Deutschland ist wiedererwacht.
Deutschland über alles.
Der Horch fährt wieder an.
Die Posten präsentieren das Gewehr.
Die Franzosen verschwinden in der Dunkelheit des Hotels.
Ich klettere von der Laterne herunter.
Sehe zur Reichskriegsflagge hoch, die sich in diesem Augenblick, vom Westwind gebläht, knatternd entfaltet.
Ich möchte zu diesen wunderbaren Siegern gehören.
Ich möchte vom Trittbrett eines ausrollenden Mercedes springen.
Ich möchte der jüngste Offizier der Wehrmacht sein.
Und der Höchstdekorierte.

Ich weiß, daß ich es nie sein werde, daß ich es nie sein kann, wenn ich nicht verschweige, daß ich ein Mischling bin.
Später, wenn ich alles erreicht habe, werde ich es ihnen sagen.
Man wird mich begnadigen.

XVI

Es ist Oktober 1940.
Heute haben wir nur zwei Stunden Unterricht.
Latein, Mathematik und Erdkunde fallen aus.
Alle sind in Hochstimmung.
Ich kämpfe mit einem Asthmaanfall.
Nur Sexta bis Quarta bleiben in der Schule.
Die anderen Klassen sammeln sich auf dem Hof.
Die meisten tragen Uniform. Ich auch.
Unser Biologielehrer, inzwischen Chef der Reiter-SA, sieht mich mit meiner Führerschnur:
»Lassen Sie mal antreten. Sie können das doch!«
Das kann kein Zufall sein! Er will mich quälen! Er weiß es!
»Achtung! Klassenweise in Dreierreihen antreten, marsch, marsch!«
Hier und da Gejohle, Gelächter, das auf den grimmigen Blick des Biologielehrers hin kläglich erstirbt.

Dreihundertfünfzig Schüler stellen sich auf.
So viele habe ich noch nie kommandiert.
Das wäre unter normalen Umständen ein Triumph.
Hier und jetzt kann es nur perfide sein.
Der SA-Reiter grinst! Oder doch nicht?
Aus meiner Klasse sehen mich einige amüsiert an!
Sie wissen es!
Aber würde ich mich nicht auch lustig machen, wenn ein anderer hier vorne stünde?
Ich versuche, kurz und flach zu atmen. Niemand darf etwas merken. Und niemand weiß etwas. Woher auch!
»Rechts um. Ohne Tritt marsch!«
Ich setze mich an die Spitze.
Die Lehrer gehen in einem Pulk auf dem Trottoir nebenher.
An den Kreuzungen stoppe ich den Verkehr, warte, laufe wieder nach vorne.
Es ist als Gemeinheit gedacht, jetzt weiß ich es.
Immer wenn ich an der Kolonne vorbeitrabe, höre ich Gezische und Geraune, glaube ich, hämische Kommentare zu vernehmen.
Mein Atem wird kürzer, beginnt zu pfeifen. Ich laufe unter dem Vorwand, einen Bus anzuhalten, auf die andere Straßenseite. Hinter mir die Lehrerschaft. Sie bleibt an einem Buchladen stehen. Ich lasse den Zug an mir vorbeimarschieren.
Ich habe eine halbe Minute gewonnen. Mein Atem wird ruhiger.
Die Spitze biegt in die Arkaden ein.

Am Ende der Arkaden liegt das Walhalla-Kino.
Der Film heißt »Jud Süß«.
Pflichtbesuch. Gemeinschaftsvorführung.
Unser Direktor steht mit dem Besitzer am Ende der Treppe unter einer riesigen Reklametafel. Ich sehe nicht hin.
Sie zählen gemeinsam ab.
Ich bin der letzte.
Hinter mir nur noch die Lehrer.
Ich will diesen Film nicht sehen. Ich kenne die Geschichte.
Ich finde, ich sehe dem Hauptdarsteller ähnlich.
Alles wird herauskommen.
Ich gehe zur Toilette.
»Wo wollen Sie hin?«
»Ich muß austreten!«
»Aber schnell!«
»Jawohl, Herr Direktor.«
Ich öffne meine Hose, muß mich mit der freien Hand an der Kachelwand abstützen. Mein Kopf liegt auf dem Ellenbogen.
Die Tür geht auf.
»Was machen Sie da? Ist Ihnen schlecht?«
Der Biologielehrer.
»Nein, Herr Doktor, ich mußte nur austreten!«
Er stellt sich neben mich.
Ich höre es rauschen.
Ich kann nicht. Drücke zur Tarnung auf die Spülung.
Glaube aus dem Augenwinkel zu beobachten, wie er – argwöhnisch? – den Kopf zu mir dreht.

Er streckt sein Gesäß nach hinten, knöpft die Reithose zu, spült.
Ich drücke noch einmal auf den Knopf.
»Nun machen Sie schon.«
Ich höre, wie er sich die Hände wäscht, wie die Tür auf- und zugeht.
Ich öffne sie einen Spalt.
Er steht mit dem Direktor davor.
Ich kann nicht fliehen.
Die Reihen sind voll.
Ein Klassenkamerad deutet auf einen freien Platz in der Mitte neben sich.
Ich winke ab.
Bleibe an der Tür stehen.
Das Licht geht langsam aus.
Der Direktor und der Biologielehrer müssen wohl im Rang sitzen.
Sie kommen nicht nach.
Ich will hinausschlüpfen.
Da erscheint die Platzanweiserin mit der Taschenlampe.
Sie leuchtet mir ins Gesicht.
Will mich nach vorne bringen.
»Vielen Dank, ich bleibe hier stehen.«
»Der Film dauert zwei Stunden.«
»Das macht nichts.«
Ist sie auch argwöhnisch?
Ich bin noch geblendet.
Ich kann nichts erkennen.
Ich kontrolliere meinen Atem.
Sie zieht den Vorhang vor die Tür.

Die Musik rauscht auf. Sie ist zu laut. Sie dreht einen Knopf nach links, setzt sich auf ihren Stuhl.
Ich habe nichts mit diesem Film zu tun.
Ich bin kein Jude. Ich gehe nicht in die Synagoge. Ich bin nicht reich. Ich betrüge keine Leute. Ich bin nicht schmutzig. Ich sehe nicht so aus. Ich bin Deutscher. Ich bin adlig. Ich bin arm. Ich bin besser als die anderen.
Nein, nein, nein!
Mein Vater ist dick. Voller Selbstmitleid.
Ich hasse ihn.
Meine Mutter ist feige. Ohne Haltung.
Ich hasse sie.
Ich hasse meine Großeltern, weil sie an allem schuld sind.
Ich hasse meine Freunde, weil sie arisch sind.
Ich hasse die Welt.
Ich hasse mich.
Ich bringe mich um.
Es hat alles keinen Sinn.
Ich werde weiterleben.
Ich werde es ihnen zeigen. Ich... ich... ich...
Ich bekomme keine Luft mehr. Reiße mir das Hemd auf. Ziehe den Lederknoten aus dem Halstuch. Taste mich hinter den Vorhang, öffne in seinem Schutz die Tür.
Der Kinobesitzer steht am Limonadenstand.
Er spricht mit der Verkäuferin.
Sie trägt eine weiße Schürze mit Rüschen und ein gestärktes Häubchen.
Sie sehen mich an.

»Mir ist schlecht geworden. Aber jetzt ist alles schon wieder in Ordnung.«
Sie geben mir ein Glas Mineralwasser.
Ich kaufe mir eine Rolle Lakritze.
Sie haben keinen Verdacht.
Ich gehe wieder hinein.
Auf der Leinwand dreht Jud Süß dem Großherzog einen Kredit an. Mit Wucherzinsen. Natürlich!
Ich kenne das von meinem Vater her.
Jawohl so sind sie, die Juden. Widerlich.
Eine Hand tastet nach mir.
Ich kann nicht erkennen, wer es ist.
»Setz dich zu mir.«
Es ist die Platzanweiserin. Sie rückt dicht an die Wand.
Ich muß den Arm um sie legen, damit wir nicht beide vom Stuhl rutschen.
Langsam gewöhnen sich meine Augen ans Dunkel.
Sie ist sehr jung. Höchstens achtzehn. Und sehr hübsch. Ich lasse sie von meiner Lakritze abbeißen.
Wir kichern leise.
»Ruhe, verdammt noch mal!«
Ich verabrede mich mit ihr.
Abends nach der letzten Vorstellung.
Sie kommt als letzte heraus. Sagt dem Portier gute Nacht.
Er schließt die Glastüren ab.
Sie sucht mich. Hinter ihr geht das Licht aus. Ich trete schnell in den Eingang eines Juweliergeschäfts. Drücke mich tief ins Dunkel.

Sie geht an mir vorbei. Sie hinkt. Sie hat einen Klumpfuß.
Ich warte, bis sie verschwunden ist.
Ich gehe nach Hause. Ich schäme mich nicht einmal.

XVII

Es ist der 5. Dezember 1940.
Wir haben die halbe Welt besiegt.
Vom Krieg ist bei uns nichts zu spüren.
Wir haben alle Angst, nicht mehr an die Front zu kommen.
Ich bin sechzehneinhalb Jahre alt.
Tanzstunde.
Nikolausball.
Die ganze Klasse ist seit Monaten zweimal in der Woche zum Unterricht gegangen.
Unsere Partnerinnen sind alles Mädchen der Sekunda des Lyceums.
Vor der Samstagtanzstunde haben wir nachmittags Boxen.
Wir haben ein Abkommen getroffen, nicht allzu fest zuzuschlagen, um nicht mit verquollenen Nasen und geplatzten Lippen herumlaufen zu müssen.
Ich bin im Geräteturnen miserabel.
Im Fußball jedoch bin ich trotz mangelnder Größe unbestritten Torwart Nummer eins.

Und auch im Boxen bin ich dank Schnelligkeit und Technik einer der Besseren.
Mein Standardgegner ist unser linkischer Klassenbuchführer.
Trotz seiner überlegenen Reichweite mache ich mit ihm, was ich will.
Meist schone ich ihn.
Aber manchmal schlage ich auch, fintenreich täuschend, unerbittlich auf ihn ein.
Besonders, wenn die anderen zusehen und mich anfeuern.
Ich weiß nicht, ob sie wissen, daß ich Mischling bin.
Denn ich bin im Jungvolk.
Bin sogar Jungzugführer.
Trage eine grüne Schnur.
Doch zumindest meine beiden besten Freunde ahnen etwas.
Oder doch nicht?
Aber verschiedene Lehrer wissen es!
Oder wissen sie es nicht?
Ich habe niemandem etwas erzählt.
Ich bin perfekt getarnt.
Und je mehr ich zuschlage, um so weniger wird einer auf die Idee kommen, daß ich ein Mischling bin.
Denn Mischlinge sind feige.
Sie sind schlimmer als »Volljuden«.
Ich treffe ihn voll auf die Nase.
Als ich einen Blick in den großen Spiegel der Turnhalle werfe, sehe ich ein Gesicht mit schmalen

Augen und geblähten Nasenflügeln. Ich habe es vorher noch nie gesehen:
Es ist mein Gesicht.
Es gefällt mir.
Es sieht nicht mehr jüdisch aus.
Ich schlage noch einmal zu.
Bösartig, überflüssig.
Seine Nase beginnt zu bluten.
Ich fühle Triumph.
Ich höre mit gespielt nobler Geste auf.
Mein Boxkamerad sieht mich an.
Er hat Tränen in den Augen.
Er kann nicht verstehen, warum ich ihn so getroffen habe.
Ich weiß es.
»Entschuldige, das wollte ich nicht!«
Aber natürlich habe ich es gewollt.
Ich gehe mich duschen.
Sehe verstohlen meine großen, blonden Klassenkameraden an:
Warum sehe ich nicht so aus?
Ich kann mich nicht leiden.
Ich dusche eiskalt nach und spritze mit dem Wasser nach ihnen. Sie schreien und schimpfen.
Es ist meine große Abhärtungsnummer.
Sie kostet mich viel Überwindung.
Aber auch sie vernichtet das Klischee des verweichlichten Mischlings.
Ich fühle mich sehr gut.
Um 6 Uhr beginnt der Ball.
Jeder Junge und jedes Mädchen haben ein Pflicht-

geschenk mitzubringen, damit auf keinen Fall einer leer ausgeht.
Darüber hinaus kann man aber noch anonym einem bestimmten Menschen etwas schenken.
Ich habe keine ausgesprochene Favoritin.
Habe nur ein zweites Päckchen, das für die Tochter des Lyceumsdirektors bestimmt ist.
Sie spielt Tennis und Hockey. Sie reitet.
Ich bewundere sie.
Ich denke beim Onanieren nur an sie.
Ich tue es zwangvoll und so oft, daß ich mir pervers vorkomme und die Schuld bei meiner Abstammung suche:
Minderwertig!
Aber sie beachtet mich nie.
Ich gehöre nicht zur »jeunesse dorée«.
Meine Eltern haben eine kleine Heißmangel.
Und mein Vater fährt die Wäsche aus.
Aber ich werde dieses gesellschaftliche Manko wettmachen.
Wenn ich doch nur besser aussehen würde!
Ich muß witziger sein, charmanter, phantasievoller, sinnlicher.
Aber sind das nicht all die Charakteristika, die für »undeutsch« stehen?
Und wenn ich sie zu gut beherrsche, wird man wieder Verdacht in bezug auf meine Abstammung schöpfen.
Es ist ein Teufelskreis.
Der Ball beginnt mit der Bescherung.
Unser Tanzlehrer als Nikolaus verkleidet, die

dicke Hornbrille über dem silbrigen Kunsthaarbart unter der roten, weißflockig besetzten Kapuze.
Es sieht unglaublich lächerlich aus.
Ich mache ein paar meiner gefürchteten ironischen Bemerkungen, komme gut bei den nervösen Kumpels an, einige Mädchen kichern unterdrückt.
Keiner soll merken, wie aufgeregt ich bin.
Bekomme ich nur das Pflichtgeschenk, oder gibt es da eine unter den Fünfundzwanzig, die mir als Zeichen ein zweites Päckchen zukommen läßt?
Anonym natürlich. Aber, vielleicht läßt sich die Schrift bestimmen.
Der Gedanke erregt mich.
Bisher waren nur zwei vor mir, die mehrmals aufgerufen wurden.
Neidische Blicke. Hochachtung. Rührend blasiertes In-Empfang-Nehmen, dann Abtreten in hölzernem Paßgang.
Und da mein Name: das Herz schlägt mir im Hals. Einmal, und noch einmal und noch einmal und ... alles lacht und stöhnt komisch anerkennend: »Donnerwetter. Wer hätte das gedacht. Unser Kleinster. Und so ein Frauenheld ...«
Alle Blicke auf mir. Verwunderte, anerkennende, belustigte ...
Ich schlendere zurück, fünf Päckchen unterm Arm. Lächle schief. Habe rote Ohren.
Es ist das Glück.
Ich will gar nicht wissen, wer mich da beschenkt hat.

Alle sind es!
Sie gehören mir alle!
Ich habe sie alle geschlagen.
Die Großen. Die Blonden. Die Turner. Die Tänzer. Die Schweiger. Die Streber...
Ich weiß, daß ich etwas besitzen muß, das sie alle nicht haben...
Es ist das Jüdische, ich weiß es genau.
Aber keiner darf es wissen...
Die Direktorentochter blitzt mich an.
Ich blitze zurück.
Wir tanzen.
Ich habe die Hand auf ihrem Rücken, spüre den Verschluß des Büstenhalters. Schiebe langsam die Hand weiter. Sie läßt sie unter ihrem Oberarm hindurchgleiten, dreht sich ein wenig, drängt sich in gekonnter Tarnung an mich, und ich fühle zum ersten Mal in meinem Leben die Brust einer Frau in meiner Hand.
Sie sieht mich nicht an.

XVIII

Es ist der 21. Dezember 1940.
Der letzte Schultag vor den Weihnachtsferien.
Mein Zeugnis ist so schlecht wie noch nie.
Physik gerade noch ausreichend, Mathematik und Chemie mangelhaft.

»Sollten sich seine Leistungen nicht entscheidend bessern, ist seine Versetzung gefährdet.«
Ich sitze vor Aufgaben der Integralrechnung und sphärischen Trigonometrie, vor Formeln der anorganischen Chemie und habe nicht die geringste Ahnung, den leisesten Ansatz zu einer Lösung.
Irgendwann in den heißen Sommertagen dieses Jahres habe ich den Anschluß verpaßt, und ich mache nicht einmal den Versuch, ihn wiederzufinden.
Ich träume von Heldentaten, ordengeschmückten Uniformen und von Mädchen, denen ich damit gefallen will.
Ich wache mit erigiertem Glied auf und gehe mit erigiertem Glied schlafen.
Ich habe eine Technik entwickelt, unzählige sexuelle Details zu einem berauschenden Bild zusammenzufügen, das mich sekundenschnell in Raserei versetzt.
Mit meiner Tanzstundenliebe allerdings bin ich über feuchte Küsse und schmerzhafte Umarmungen nicht hinausgekommen.
Ich sitze auf meinem Fahrrad.
Die blaugebundene Zeugnismappe steckt in der Schultasche auf dem Gepäckträger.
Das Fahrrad lehnt mit dem Lenker an der Hauswand des Lyceums. Mein linker Fuß stützt sich auf dem Schutzgitter des Kellerfensters ab. Die weit vorspringende Fensterbank der Lehrküche schützt mich vor Blicken von oben.
Es ist sehr kalt.

Kein Schnee.
Dichte Kondenswolken fauchen aus dem Fenster des Heizungskellers durch die Speichen meines Vorderrades.
Ich setze mich auf den Gepäckträger mit der Schulmappe, drücke das Vorderrad hoch und setze es mit dem rechten Fuß in Schwung.
Die weiße Wolke wird wie von einem Ventilator auseinandergerissen.
Es sieht aufregend aus.
Immer heftiger trete ich in die Speichen.
Das Fenster über mir wird geöffnet.
Ich klettere wieder auf den Sattel.
Der Reifen quietscht, als er auf dem Pflaster bremst.
Ich sehe nach oben.
Der Rand eines Tellers schiebt sich über die Kante des Fensterbretts.
Auf dem Teller steht ein Kuchen.
Ich weiß das.
Jeden Freitag hat meine Tanzstundenliebe in der letzten Stunde Kochen und Backen. Die dampfenden Kuchen werden zum Auskühlen auf die Fensterbank gestellt, und ich lehne in ihrem Schutz und bin sehr aufgeregt.
Denn zwischen all dem Lachen und Kichern und Erzählen, das die Mädchen – wohlgetarnt vor der Lehrerin – aus dem offenen Fenster heraus führen, höre ich immer wieder Satzfetzen, Wörter, Wendungen – keine schmallippige Tanzstundenkonversation, keine Schulwegneckerei, radschiebend,

kein feuchthändiges Waldspaziergangsgestammel...
Ich höre Lüsternes und Geiles und Abwegiges, schmutzige Witze und abenteuerliche Phantasien...
Ich höre Dinge, hinter denen sich die gleichen Sehnsüchte wie bei mir verstecken, die gleichen Geheimnisse, die gleichen Aufregungen.
Ich habe gelernt, die Mädchenstimmen zu unterscheiden, ich höre Ingeborg heraus und Irene und Gisela, ich erfahre von meiner Liebe, daß sie Dinge mit mir treibt, von denen nur ich weiß, daß sie nicht stimmen.
Ich werde mit niemandem darüber sprechen.
Ich will mit niemandem meinen Vorsprung teilen.
In der Tanzstunde genieße ich meine Überlegenheit, wenn meine Liebe und Ingeborg und Irene und Gisela herumalbern oder Früherwachsene spielen.
Ich habe anderes von ihnen gehört.
Mein Grinsen irritiert sie.
Sie reiben sich die Nasenflügel und drehen die Locken um die Finger, sie wischen sich mit selbst bestickten Taschentüchern imaginäre Krümel aus den Mundwinkeln.
Ich drücke beim Slowfox meine Schenkel in ihren Schritt und bringe mein Ohr so dicht vor ihren Mund, daß ich auch das leiseste Flattern ihres Atems spüren muß. Ich führe sie so, daß sie sich, ihr Kinn über meiner rechten Schulter, in dem großen Spiegel der Tanzschule betrachten können.

Unbeobachtet von mir.
Ich erwische sie aber immer durch einen retardierenden Ausfallschritt, der – unauffällig – Distanz schafft und sie den Kopf zu mir wenden lassen.
Ich sehe, wie der verräterische Spiegelblick von Erziehung und Haltung aufgeschluckt wird.
Ich genieße die Jagd.
Eines Abends im Januar halte ich es nicht mehr aus.
Seit einem Jahr wage ich mich wieder ins Schwimmbad.
Der Bademeister ist eingezogen worden.
Ich sitze mit meiner Liebe am Beckenrand und habe eine Hand unter ihren nassen Oberschenkel geschoben.
Wir tun beide so, als würden wir nichts merken.
Wir sprechen über »Das einfache Leben« von Ernst Wiechert.
Sie liebt dieses Buch.
Ich finde es schwülstig.
Ich ärgere sie, indem ich besonders blumige Sätze zitiere.
Und dabei fahre ich mit den Fingern langsam ihren Schenkel hinauf.
Sie hilft mir, indem sie das eine Bein spielerisch über das andere legt.
Meine Hand schiebt sich tiefer unter ihren Schenkel.
Ich stoße an die Innenseite des anderen Schenkels.
Ich drehe meine Hand und schiebe meinen Zeigefinger unter den Saum ihres Badeanzugs.

Er schlängelt sich weiter, bis die Fingerkuppe zwischen gekräuselten Haaren in eine weiche, warm-feuchte Spalte taucht.
Ich verschlucke mich vor Aufregung.
Meine Liebe zuckt zusammen, spricht aber flach und hastig weiter.
Mein Vater ist bei einer Versammlung des Kolonialbundes.
Meine Mutter zu ihrer Schwester auf den Gutshof gefahren, um Butter, Schinken, Würste und Marmelade zu holen.
Ich nehme meine Liebe mit zu mir nach Hause.
Ich weiß, daß ich damit das Bild zerstören muß, was sie sich aus meinem Namen, meiner Erziehung und Haltung zusammengemalt hat.
Denn unsere Wohnung ist kläglich.
Wir haben kein Bad. Die Toilette ist eine halbe Treppe tiefer am Hofausgang.
Überall klebt ein Dunst aus Feuchtigkeit, Wäschestärke und Bügelwärme.
Mein Zimmer ist ein Durchgangsraum, meine Bücher stehen in einem ausgedienten Instrumentenschrank meines Großvaters, mein durchgelegenes Krankenhausbett, ein knarrender Korbsessel, der früher in unserer Gartenlaube war.
Eine angeschlagene Keramik-Waschschüssel, ein abgeblätterter Emaillekrug.
Ein Waschlappen für oben und einer für unten.
Ich zieh sie auf mein Bett.
Wir sinken so tief ein, daß unsere Füße nicht mehr den Boden berühren.

In den Kniekehlen drückt der Metallrahmen.
Wir sprechen kein Wort.
Sie blickt um sich.
Ich stemme mich hoch, knie mich vor sie, versuche, ihre Schuhe auszuziehen.
Sie stellt die Zehen nach oben.
Sie beginnt zu weinen.
Ich setze mich neben ihre baumelnden Füße und streichle ihren Spann. Ich taste mich am Unterschenkel hoch.
Sie hat die Hände flach zwischen die Beine gelegt und preßt die Oberschenkel zusammen. Ich versuche ihre Knie auseinanderzudrücken.
Sie weint. Ich bringe sie nach Hause.
Wir sprechen kein Wort.
Ich warte nie mehr unter der Fensterbank der Lehrküche.
Ich habe nie erfahren, was sie über diesen Abend erzählt hat.

XIX

Es ist Frühjahr 1941.
In zwei Monaten werde ich siebzehn.
Ich hole mein Fahrrad aus der Torfahrt.
Es hat Ballonreifen, eine Laufklingel, zwei Wimpel, zwei schwer laufende Dynamos, zwei Lampen und ein beleuchtetes Rücklicht.

Es ist so schwer, daß ich es einmal beim steilen Treppenabstieg von einer Brücke, nach verzweifelter Anstrengung mit ihm Schritt zu halten, in einen Zeitungskiosk sausen lassen mußte.
Aber jeder, der etwas auf sich hält, fährt ein solches Fahrrad.
Ich trage meine Jungvolkuniform mit der grünen Zugführerschnur und meine lässig zerknautschte Skimütze schief auf dem Kopf.
Ich soll heute vierzig Jungen des Jahrgangs 1931 übernehmen.
Ich gelte als guter Ausbilder.
Ich genieße diese Aufgabe.
Sie bedeutet Macht und Wichtigkeit und Überlegenheit.
Sie ist eine Auszeichnung. Ich hab damit alle widerlegt, die Mischlinge für ungeeignet zu Führungsaufgaben halten.
Meine Schulungsabende sind berühmt.
Sie sind vor allem witziger als die der anderen.
Ich spüre Bewunderung und Beliebtheit.
Ich bin den anderen nicht nur ebenbürtig, ich bin ihnen überlegen.
Es sind Eigenschaften, die sie gar nicht besitzen können, da ich sie meiner Abstammung verdanke.
Ich bin heute im reinen mit mir.
Während ich mich vom Sattel hebe und mich im ausladenden Wiegetritt, bei dem die Querstange jedesmal meine nackten Oberschenkel reibt, den steilen Berg hinaufquäle, spiele ich genau meinen Auftritt durch:

Ausrollen, lässiges Abspringen, achtloses An-die-Mauer-Lehnen des Rades, eine letzte Korrektur des Braunhemdes, daß es straff in der kurzen Hose sitzt, denn ich habe zu schmale Schultern, um mir etwas Bauschiges leisten zu können.
Aufmunternde Liebenswürdigkeit ins Gesicht, wohl gemischt mit Bestimmtheit und Ernst.
Ich bin ein bißchen zu früh dran.
Ich steige ab und schiebe mein Rad.
Aber kurz vor dem Schulhof steige ich wieder auf.
Alle sollen denken, ich wäre den ganzen Berg gefahren.
Mein Stellvertreter hat den bunten Haufen einigermaßen nach Größe geordnet antreten lassen.
Er hat mit ihnen meine Begrüßung geübt:
»Heil Hitler, Jungzug 3.«
»Heil Hitler, Jungzugführer!«
Sie skandieren es – natürlich – miserabel. Und ein paar ganz am linken Flügel kleckern besonders auffallend nach.
»In ein paar Wochen klingt das schon anders, glaubt mir!«
Ich sage das nicht drohend, sondern eher verschwörerisch verschmitzt.
Vierzig Gesichter lachen mir erleichtert vertrauensvoll entgegen.
Ich habe die erste Schlacht gewonnen.
Mit diesen Jungen kann mir nichts mehr passieren.
Ich bin ihr Führer.
Sie werden freiwillig, bereitwillig tun, was ich ihnen sage.

Ich werde ein guter Führer sein.
Ich werde nichts Unsinniges fordern.
Ich werde gerecht sein.
Ein Vorbild.
Der geborene Führer.
Ich bin kein Mischling.
Ich gebe meine ersten Kommandos.
Sie befolgen sie ungeschickt, aber willig.
Ich führe sie in unseren Klassenraum.
Sie setzen sich in die Bänke.
Ich stehe an der Tafel und rufe ihre Namen auf, die ich von einer Liste ablese.
Ein paar kenne ich schon.
Sie wohnen in meiner Straße.
Ich zwinkere ihnen zu.
Sie fühlen sich bevorzugt.
Über sie werde ich alles erreichen.
Ich bin sicher.
Ich bin stark.
Ich habe sie alle getroffen!
Die Tür geht auf.
Mein Fähnleinführer erscheint, das war zu erwarten.
Aber bei ihm ist der Bannführer.
Er ist der Höchste in unserer Stadt.
Das ist eine Auszeichnung.
»Achtung!«
Alle springen auf, so gut sie können.
Ich mache zackig Meldung.
»Weitermachen!«
»Der Bannführer möchte dich sprechen.«

Ich weiß sofort, das ist kein auszeichnender Besuch.
Sie haben es entdeckt.
Ich bin kein Führer mehr.
Ich bekomme kaum noch Luft.
Ein Asthmaanfall.
Ich nehme meine Mütze.
Gehe mit dem Bannführer vor die Tür.
Sehe ihn nicht an.
Sondern starre immer nur auf seine dicke rote Führerschnur.
»Du brauchst mir nichts zu sagen. Ich weiß alles!«
»Es tut mir leid! Ich hätte das nie gedacht. Es tut mir leid!«
Was hätte er nie gedacht?
Daß einer wie ich so gut sein kann?
Daß ich besser als die anderen war?
Oder daß ich sie alle hintergangen habe?
Ich habe niemanden belogen!
Ich habe es nur niemandem gesagt.
Ich wollte zu ihnen gehören.
Ich gehöre zu ihnen.
»Du bist wegen Verschweigens deiner Abstammung mit sofortiger Wirkung aus der HJ ausgeschlossen.«
»Es brauchen nicht alle zu erfahren...«
»Wenn du nicht quatschst. Wir haben kein Interesse daran. Wir wollen uns nicht noch mehr blamieren.«
Mein Atem kommt zurück.
Ich fühle Erleichterung.

Ich brauche keine Angst mehr zu haben, entdeckt zu werden.
Ich steige auf mein Rad.
Meine Augen fließen über.
Es ist nur der Fahrtwind.
Vier Wochen später melde ich mich freiwillig zur Panzerwaffe.

XX

Es ist Juli 1941.
Ich bin gerade siebzehn Jahre alt geworden.
Der erste Tag der langen Sommerferien.
Mein Freund Karl-Heinz hat einen Onkel, der Amtmann bei der Post ist. Er hat uns diese Ferienarbeit verschafft:
Wir sind für vier Wochen Briefkastenleerer.
Ich habe bereits den Führerschein Klasse vier und darf Motorräder bis 250 ccm fahren.
Ich empfange eine DKW mit gelbem Kastenbeiwagen, eine Postarmbinde und eine mit vielen Fehlern getippte Aufstellung meiner Fahrtroute.
Es sind 48 Kästen, die ich in meiner Schicht viermal zu leeren habe.
Bei der ersten Tour fährt auf dem Sozius der reguläre Beamte mit. Er tritt mittags seinen Urlaub an. Er soll mich einweisen. Ich habe ein paar Proberunden im Hof der Hauptpost gedreht, die

Maschine einmal abgewürgt, was die zuschauenden Berufspostler hämisch kommentierten.
Es macht mir nichts aus. Meine Klassenkameraden schuften bei der Ernte, füttern stinkende Schweine oder wickeln Verbandspäckchen in einer Arzneimittelfabrik.
Ich sitze auf dem wippenden Sattel einer schnellen Maschine, habe meine kurze, von der Sonne verschossene Jungvolkhose noch einmal umgeschlagen, presse die nackten Knie gegen die weichen Tankpolster.
Ich bekomme vor lauter Lust eine Erektion.
Schmerzhaft zwar durch enge Hose und falsche Lage, aber sie erzeugt ein solches Hochgefühl: ich könnte schreien vor Glück.
Mein durch sein trostloses Leben verbitterter Einweiser hat etwas gesagt.
Ich habe es nicht verstanden.
Ich drehe das Ohr zu ihm:
»Was ist los?«
»Du bist am ersten Kasten vorbei gefahren. Dreh um, verdammt noch mal.«
Ich grinse, schalte runter und fahre eine so schnelle, scharfe Kurve, daß sich der Beiwagen vom Boden hebt und das freie Rad surrend in der Luft dreht.
»Du bist ein Arschloch!«
»Ich weiß! Das hat man mir schon oft gesagt!«
Ich fühle mich so stark wie seit Monaten nicht mehr.
Ich schiebe den Postsack unter den Briefkasten,

fische mir den Schlüssel, der an einem langen, dünnen Lederriemen baumelt, drehe ihn professionell im Schloß, die Klappe geht auf, Karten, Briefe, Päckchen purzeln heraus.
Während ich mit der einen Hand kontrolliere, ob sich nichts im Kasten verheddert hat, greife ich mit der anderen in meine Hosentasche und schiebe mein verqueres Ding in eine angenehme Hochlage.
Ich werfe scheppernd die Klappe zu, stelle die neue Leerungszeit ein, ziehe den Postsack heraus und werfe ihn in weitem Schwung auf meinen Beiwagen.
Mein Einweiser sitzt schon auf dem Sozius, ich steige von vorne auf die Maschine auf, der Motor läuft, Kupplung, Gang rein, Kupplung, eleganter Start, hinter mir sagt irgendwer irgend etwas: Es geht mich nichts an.
Eineinhalb Stunden später sitze ich an einem großen mit Zinkblech ausgeschlagenen Tisch und sortiere: was in der Stadt bleibt, was nach draußen geht und was durch die Stempelmaschine laufen kann.
Karl-Heinz sitzt mir gegenüber, genießt alles wie ich und zwinkert mir zu.
Er macht dabei eine kleine Bewegung in die Richtung rechts von mir.
Ich werde sofort blutrot.
Schicke ein nicht allzu verunglücktes wissendes Lächeln hinterher.
Denn direkt an der Tischecke, im rechten Winkel

zu mir, sitzt eine Frau, kein Schulmädchen, sondern eine richtige erwachsene junge Frau.
Ich habe sie natürlich von Anfang an gesehen.
Sie hat einen dünnen blauen Postkittel an.
Und nichts darunter als einen cremefarbenen Unterrock mit einer kleinen Spitze am Saum.
Die Spitze ist etwas dunkler.
Ich habe das alles genau gesehen.
Aus schiefen Augen zwar, aber ganz genau.
Sie stand auf einer kleinen Leiter und sortierte Päckchen in ein Regal.
Und dann stieg sie von der Leiter herunter, und da klaffte der Kittel für eine Sekunde auf.
Und da hatte ich es genau gesehen.
Ich schiele über meine Briefe hinweg und versuche, ihr in den Ausschnitt zu schauen.
Sie zieht einen neuen Packen Briefe zu sich heran.
Und als sie sich wieder hinsetzt, da sehe ich den Ansatz ihrer Brust.
Ich habe nicht erkennen können, ob sie einen Büstenhalter trägt.
Sie scheint zu lächeln.
Hat sie etwas gemerkt?
Wieder schlägt eine heiße Welle über meinem Kopf zusammen.
Ich fühle, wie ich starr werde vor Erregung und Scham. Da spüre ich nackte, warme Haut an meinem Knie, ich ziehe es zurück, die warme Haut rückt nach.
Es ist ihr Knie.
Es ist kein Versehen.

Es ist Absicht.
Oder nicht?
Ich lasse das Knie stehen.
Sie reibt ihren Unterschenkel ganz leicht an meinem.
Ich antworte ganz, ganz wenig.
Sehe aus den Augenwinkeln zu ihr.
Sie sortiert die Post.
Blickt vor sich hin.
Sie lächelt nicht mal.
Ich werde unsicher.
Will mein Knie zurückziehen.
Da legt sie ihren nackten Unterschenkel auf meinen.
Es ist kein Irrtum.
Ich habe eine Geliebte.
Ich kann es kaum aushalten.
Ich weiß, daß ich mit dieser wunderbaren Frau das erste Mal in meinem Leben schlafen werde.
Ich liebe sie, wie ich noch nie eine Frau geliebt habe.
Wir haben noch kein Wort miteinander gesprochen.

XXI

Es ist März 1942.
In ein paar Monaten werde ich achtzehn.

Vorgestern haben wir, die letzten sieben unserer Oberprima, das Abitur gemacht.
Wir haben alle bestanden.
Es ist Krieg.
In meinem Reifezeugnis steht: Er will Regisseur werden.
Es ist nur zweite Wahl.
Denn natürlich wäre ich lieber Offizier oder Diplomat geworden.
Aber Mischlinge können das nicht.
In der Quarta hab ich ein Krippenspiel und in der Obersekunda »Florian Geyer« inszeniert.
Es waren Schüleraufführungen, die sogar in der Zeitung besprochen wurden.
Ich habe erfahren, welch süßes Gift der gedruckte Name und der Applaus sind: »Er will Regisseur werden.«
Wolfgang hat uns zur Abiturfeier eingeladen.
Sein Vater ist Braumeister.
Wir trinken Exportbier, das für Spanien bestimmt ist.
Wir trinken zu viel und zu schnell.
Wir stoßen schmetternd unsere Krüge aneinander, spielen Burschenherrlichkeit.
Singen mehrstimmig falsch »Gaudeamus igitur«, bauschen harmlose Knutschereien zu grandiosen Abenteuern auf.
Karl-Heinz prahlt mit meinem Posterlebnis, als wäre es ihm widerfahren.
Es ist seine Art, Stolz über mich zu zeigen: ich, der Tausendsassa.

Ich bin Mittelpunkt. Koste es aus:
»Ein Kavalier schweigt und genießt« und ähnliche Floskeln, wie ich sie bei den Skatabenden meines Vaters gehört habe.
Karl-Heinz hat das beste Abitur der Klasse gemacht.
Bei Mitschülern spielt das schon in normalen Zeiten keine sonderliche Rolle.
Wir haben Krieg.
Da zählt so etwas gar nicht.
Aber ich bewundere ihn.
Weil ich weiß, wie leicht er an uns vorbeimarschiert ist.
Er ist kein Streber. Er ist der Klügste von uns allen.
Er ist mein bester Freund.
Vor zwei Jahren haben wir uns ein altes Paddelboot gekauft.
Für 25 Mark.
Jede freie Stunde, jedes freie Wochenende, selbst bei trübem Wetter holen wir es aus dem Bootshaus, heben es auf den Wagen mit den Fahrrädern, galoppieren die abschüssige Straße zum Hafen hinunter, bremsen so scharf auf dem Bootssteg, daß der Kahn von allein ins Wasser schießt.
Unsere große Nummer. Sie klappt immer.
Besonders gut, wenn Mädchen in der Nähe sind.
Wir treiben auf dem Altrhein.
Die Sonne geht unter. Die Mücken tanzen.
Das Boot dreht sich langsam.
Zweige von Trauerweiden streichen uns übers Gesicht.

Ein leichter Paddelschlag. Jeder Tropfen wirft unendliche Kreise, so glatt ist das Wasser.
Wir bauen unser kleines Zelt auf. Die Rheinau ist ein Dschungel. Wir sammeln Holz, machen Feuer, kochen Tee.
Der Qualm vertreibt die Mücken.
Wir husten und lachen.
Wir starren in die Flammen.
Hören Wildenten im Schlaf quäken.
Ein Fisch springt hoch.
Ganz fern pfeift ein Zug.
Wir löschen das Feuer.
Klettern ins Zelt.
Sprühen es gegen die Schnaken aus.
Verkriechen uns in die Schlafsäcke.
Klettern wieder heraus. Strampeln sie nach unten.
Es ist zu warm.
Wir sind seltsam erregt.
Wir sprechen kein Wort.
Unsere nackten Beine berühren sich.
Wir würden uns gerne umarmen.
Aber wir tun es nicht.
Wir haben zu große Scheu voreinander.
Wir liegen lange wach.
Am nächsten Morgen paddle ich zum nahen Strandbad. Ich habe unseren Wassersack dabei.
Ein Angler in einem Kahn.
»Hast du schon gehört?«
»Was?«
»Heute früh um fünf sind wir mit zweihundert Divisionen in Rußland einmarschiert!«

Wir brauchen keine Angst zu haben, zum Krieg zu spät zu kommen.
In vierzehn Tagen wird jeder von uns zum Militär eingerückt sein. –
Wir trinken die letzten Flaschen aus.
Verabschieden uns.
Umarmen uns ungeschickt und betrunken.
Einige haben feuchte Augen.
Irgend jemand sagt: »Wer wird wohl der erste von uns sein, der fällt?«
Er fragt es beiläufig, hat also mit keiner Antwort gerechnet.
Aber da passiert etwas Entsetzliches.
Wie unter einem Zwang sehen wir alle Karl-Heinz an. Es ist eine wortlose Verabredung.
Er ist der Beste von uns. Wir wissen: Er stirbt als erster.
Ich muß mich umdrehen, weil mir die Tränen in die Augen schießen.
Es ist auch der Alkohol.
Wir gehen auseinander.
Wir sind sehr erschrocken.
Wir sehen uns nicht mehr an.
Karl-Heinz fällt am 29. August 1942.
Er ist gerade neunzehn Jahre alt.
In seinem letzten Brief an mich schreibt er, daß er noch nie ein Mädchen gehabt hat.

XXII

Es ist Herbst 1942.
Ein Sonntagmorgen.
Ich laufe zum sechsten Mal um den Kasernenblock.
Den Strohsack meines Bettes trage ich auf Schultern und Stahlhelm. Ich renne gebückt wie ein Kohlentrimmer, der im Akkord ein Frachtschiff löscht.
Es beginnt zu regnen.
Vor dem Tor stehen meine Mutter und mein Vater.
Die Wache läßt sie nicht zu mir.
Sie sehen mich nicht.
Ich blicke aus den Augenwinkeln zu ihnen hin.
Ich heule vor Wut und Scham.
Mein Vater scheint mit dem Wachhabenden zu streiten.
Morgen früh werden wir nach Rußland zur Frontbewährung abgestellt.
Alle anderen haben Ausgang.
Ich aber laufe mit meinem Bett im Regen um die Kaserne herum.
Der Strohsack saugt sich voll Wasser.
Ich weiß, daß ich die zehn Strafrunden nie schaffen werde.
Der Spieß hatte beim morgendlichen Stubenappell meinen Bettenbau beanstandet.
Der Spieß haßt mich.
Ich bin Offiziersbewerber.

Ich habe den Lehrgang als Zweitbester abgeschlossen.
Er weiß, daß ich in einem Jahr Leutnant bin.
Und er immer noch Hauptfeldwebel.
Und er ist schon sieben Jahre dabei.
Ich bin Abiturient.
Ich trage diesen herausfordernden Namen.
Nur ich weiß, was sich dahinter verbirgt.
Als ich für die Offiziersbewerbung meinen Abstammungsnachweis ausfüllen muß, lasse ich bei der Urgroßmutter mütterlicherseits die zweite Silbe des Namens weg.
Sie heißt nun nur noch Roth, was mir unverfänglich erscheint.
Und da sie sich bereits vor der Hochzeit zusammen mit ihrem Verlobten christlich taufen ließ: Bekenntnis evang.
Ich kenne ein Foto meines Urgroßvaters, wo er inmitten embonpointbehafteter Herrn im Gehrock steht, das Kreuz durchgedrückt, die rechte Hand neben der Uhrkette in die Weste geschoben. Vor ihnen ein kunstvoll verschnörkelt gemaltes Schild: Kameradschaftstreffen 1876. Unteroffiziere 2. Großherzoglich-Hessisches-Train-Bataillon.
Er hatte als Vizefeldwebel den deutsch-französischen Krieg 1870–71 mitgemacht und in Versailles den Saal mit Fahnen dekoriert, in dem der preußische König zum Kaiser gekrönt wurde.
Auf dem berühmten Gemälde von Anton von Werner steht er ganz hinten links, halb durch eine Samtportiere verdeckt.

Behauptet mein Großvater.
Ich glaube es ihm.
Mein Urgroßvater war ein glühender Patriot. Er hatte mit seiner Taufe alles abgeschüttelt, was ihn mit seiner Herkunft verband. Er hatte Jura studiert und war dann ein hochgeachteter Notar geworden.
Als ich das nächste Mal an der Wache vorbeilaufe, sind meine Eltern verschwunden.
Heißes Selbstmitleid überflutet mich.
Ich werde sie nie mehr wiedersehen.
Ich werde den Spieß bei der ersten Feindberührung hinterrücks erschießen.
Ich werde so lange rennen, bis ich mit einem Herzschlag zusammenbreche.
Man wird ihn wegen Menschenschinderei vor ein Kriegsgericht stellen.
Ich werde ihm meinen nassen Strohsack um die Ohren schlagen.
Man wird mich in den Bunker werfen.
Ich werde als Offiziersbewerber gestrichen.
Ich werde etwas ganz anderes tun:
Ich werde der erste sein, der Leutnant wird, und dann werde ich ihn quälen, bis er Selbstmord begeht.
Ich renne die zehnte Runde.
Ich baue mich vor ihm auf.
Ich bekomme kaum noch Luft.
Ich weine nicht mehr.
»Befehl ausgeführt, Herr Hauptfeldwebel.«
Eine Woche später laden wir tief in Rußland unsere Panzer aus.

Der Spieß winkt sie von den Tiefladern der Bahn herunter.
Er geht dabei rückwärts.
Stolpert.
Verheddert sich in einer abgeschossenen Telegraphenleitung.
Alle stehen erstarrt.
Ich springe aus dem Glied.
Zerre ihn zur Seite.
Die Kette geht zehn Zentimeter vor seinem Fuß vorbei.
Er bedankt sich nicht.
Ein paar Stunden später kontrolliert er die Nachtwachen.
Wird von hinten angeschossen.
Glatter Oberschenkeldurchschuß.
Kommt ins Feld-Lazarett.
Erhält das Verwundetenabzeichen.
Zwei Wochen später ist er zurück.
Er wird wieder angeschossen. Schulterdurchschuß.
In unserer Gegend gibt es keine Partisanen.
Ich weiß, wer es war.
Ich war es nicht. Ich bin zu feige.

XXIII

Es ist Winter 1943.
Ich bin achtzehneinhalb Jahre alt.

Ein Morgen Ende Januar. Zwischen Don und Donez.
Ich sitze im Turm eines Panzers, schaue durch die Optik meiner Kanone.
Es ist so kalt, daß die Finger am Verschluß kleben bleiben.
Rechts neben mir die Beine meines Kommandanten und dahinter mein Ladeschütze.
Er ist noch drei Monate jünger als ich, auch Kriegsoffiziersbewerber wie ich, sein erster Einsatz.
Er zerbeißt seine Unterlippe und lächelt kläglich zu mir herüber.
Ich lächele zurück.
Ich habe tatsächlich keine Angst.
Ich habe schon zwei Angriffe als Funker mitgefahren.
Ich bin aufgeregt, fiebrig, aber ohne Angst.
Ich schaue nach unten.
Ich muß den Kopf ganz weit herumdrehen, denn wir haben den Turm nach hinten, auf »sechs Uhr« gestellt.
Damit wir sofort abfahren können.
Wir sind auf dem Rückzug. Bilden die Nachhut.
Der Fahrer heißt Hans, ist fast vierzig Jahre, Automechaniker, von Anfang an dabei, EK I, Stabsgefreiter, der beste Fahrer der Abteilung.
Denn unser Kommandant ist der Chef.
Er hat das Ritterkreuz.
Es ist eine Auszeichnung, daß er mich zum Richtschützen in seinem Befehlspanzer gemacht hat.
Er ist sehr adelsbewußt.

Vielleicht auch deshalb.
Eine Schwägerin von ihm ist eine Geborene meines Namens.
Er spricht durch sein Kehlkopfmikrophon.
In meinem Kopfhörer rasselt und knackt es:
»Ich kann sie hören! Sie müssen zwischen dem Wald und der Schlucht hochkommen. So wie wir. Das sind höchstens 50 Meter...«
»Ich bin einen halben Meter über dem Kamm eingerichtet. Ich brauche nur minimal nach links oder rechts zu korrigieren...«
Ich sehe aus dem Augenwinkel seine Beine herunterrutschen, höre, wie er den Deckel schließt.
Er tippt mir auf die Schulter:
»Aufpassen! Aufpassen!«
Ich paß schon auf. Wenn er doch nur die Schnauze halten würde.
Seine Stimme flattert. Ich höre den stolpernden Atem der anderen...
Da taucht der erste am Horizont auf. Ich korrigiere ganz wenig nach links.
Er muß so steil klettern, daß seine Kanone sinnlos in den blauen Himmel ragt.
Wie seine Wanne sich gerade senken will: »Schieß doch!«, drücke ich ab.
Der Verschluß donnert nach hinten, eine Wolke von Schnee, ich kann eine Sekunde nichts erkennen...
»Hab ich ihn, hab ich ihn?«
Ein gelbroter Feuerball, der auseinanderbirst.
Wir schreien.

Die Kartusche fliegt scheppernd auf den Boden.
Es stinkt nach Pulver.
Es ist plötzlich heiß im Turm.
Die nächste Granate.
Der Verschluß knallt zu.
»Fertig!« Zwanzig Meter neben dem ersten klettert der zweite hoch.
Auch ihn erwische ich noch, bevor er uns überhaupt gesehen hat.
Ich glaube förmlich, den Einschlag in der Wanne zu sehen.
Eine halbe Sekunde später fliegt der Turm in die Luft.
Und ein dritter, ganz dicht am Waldrand.
Er ist schon fast über dem Kamm.
»Verdammt, lade doch. Verdammt!«
Ich bin wie im Rausch.
Ich denke keinen Augenblick lang an die Menschen, die da drin sitzen.
Er dreht den Turm auf uns zu, fährt aber dabei zurück.
Ich sehe es deutlich in der Optik.
»Fertig.«
Ich drücke ab.
Als sich die Schneewolke verzogen hat, ist er verschwunden.
Scheiße. Ich bin wütend, trete nach dem armen Ladeschützen.
Doch dann ein Feuerschein über dem Horizont, und zwei Körper fliegen durch die Luft.
Es ist überhaupt nicht schrecklich.

Es ist achthundert Meter entfernt.
Der Schnee, unsere einsame Spur, die brennenden Panzer.
Ihre Munition explodiert.
Ein schaurig schönes Feuerwerk.
Wir schreien.
Wir sind die Größten.
Wir haben schmale Jägeraugen.
Wir hören, wie die anderen zurückfahren.
Wir hören ihre heulenden Motoren, wir sehen sie nicht.
»Die hauen ab. Die haben genug. Marsch!«
Hans startet. Die 300 PS orgeln los.
Ich liebe dieses Geräusch.
Die Ketten rasseln, wir preschen in einer Schneewolke davon.
Den Turm lassen wir auf »sechs Uhr«.
Wir werden durcheinandergeschüttelt.
Ich stoße mir den Kopf am Turmkranz.
Ich sehe den dunkelblauen Himmel und dann wieder den gleißenden Schnee. Immer wieder Himmel und Erde und nichts dazwischen.
Der Chef macht die Luke auf.
Der Pulverdampf wirbelt hinaus.
Hans zieht den rechten Steuerknüppel.
Wir machen eine enge Kurve.
Halten neben einer offenen Scheune, die bis zum Dach mit gepreßten Strohballen gefüllt ist.
Dicht neben einer alten Dampfmaschine.
Sie sieht genauso aus wie die, die ich mal als kleiner Junge zu Weihnachten geschenkt bekam.

Wir reißen die Luken auf.
Der Chef sitzt schon auf dem Rand und schnappt nach Luft.
Ich ziehe mich hoch, strecke Arme und Beine, schaue ihn an.
Der Chef nimmt die Kopfhörer ab:
»Das gibt das EK, das verspreche ich dir!«
Ich kann nicht mehr antworten.
Ein furchtbarer Schlag.
Ein greller Blitz.
Ich fliege durch die Luft.
Ein Knall wie von einer Peitsche.
Ein Körper fliegt über mich hinweg.
Ich springe auf.
Falle hin.
Springe auf.
Falle hin.
Nur weg, weg.
Kopf in den Schnee gebohrt.
Unser Panzer bricht auseinander.
Die Kanone neigt sich ächzend zum Boden.
Einen Augenblick gräßliche Stille.
Und dann Schreie, wie ich sie noch nie gehört habe.
Flammen schlagen aus den Luken.
Gleich muß die Munition in die Luft fliegen.
Ich renne.
Und höre die Schreie.
Falle hin.
Und höre die Schreie.
Und dann höre ich keine Schreie mehr.

Sondern nur noch mein Herz, das wie rasend schlägt.
Die ersten Granaten explodieren.
Es sieht aus, als ob unser Panzer kleine Sprünge macht.
Aus der Fahrerluke hängt ein Arm von Franz.
Sein Kopf ist weg. Und dann wieder Schreie.
Der Funker? Der Ladeschütze? Der Chef?
Da fällt jemand neben mich.
Sein Atem rasselt.
Ich reiße ihn hoch.
Ich zerre ihn hinter mir her.
Er bricht zusammen.
Ich schreie ihn an.
Es ist der Chef.
Er kotzt. Er weint. Er blutet aus der Nase.
Ich liege neben ihm.
Den Kopf tief im Schnee. Spüre Blut im Mund.
Wische mit der Hand über die Lippen.
Es tut nicht weh.
Wir leben.
Sehen uns an.
Unsere Köpfe sind zehn Zentimeter entfernt.
Wir warten, daß sich unser Atem beruhigt.
Wir sind die einzigen, die übrig geblieben sind.
Zwei Wochen später bekomme ich das EK!

XXIV

Es ist März 1943.
Vielleicht werde ich in ein paar Monaten neunzehn.
Ich liege in einem Lazarett im Elsaß. Gestern ist ein Telegramm an meine Eltern abgegangen: »Kommen erforderlich, Sohn in Lebensgefahr.«
Vor zwei Wochen wurde ich hier eingeliefert: Erfrierungen an beiden Füßen, Nervenzusammenbruch, Fleckfieber.
Wir liegen zu dritt in einem Zimmer der Isolierstation.
Die beiden anderen sterben.
Die Läuse sind schuld.
Die gleichen Läuse, die unter den verdreckten Verbänden im rohen Fleisch meiner erfrorenen Füße saßen und mich an den Rand des Wahnsinns trieben.
Sieben Tage waren wir vom Hauptverbandsplatz bis hierher in einem Viehwagen unterwegs: vierzig Mann oder acht Pferde stand draußen an der Schiebetür.
Drei sind während der Fahrt gestorben, einer ist vor Schmerzen verrückt geworden und in der Ukraine aus dem fahrenden Zug gesprungen.
Ein ehrgeiziger Oberarzt will mir im ersten Feldlazarett die linke Großzehe amputieren.
Ich schmuggle mich in einen abgefertigten Transport.

Die Zehe ist drangeblieben, der Nervenzusammenbruch überwunden, und auch das Fleckfieber hat mich nicht erledigt. Da bekomme ich Scharlach und Diphterie in einer Mischinfektion.
Ich wiege noch hundert Pfund.
Ich bin am Ende.
Die Gestapo holt meinen Großvater ab.
Er kommt ins Polizeigefängnis.
Niemand darf zu ihm.
Nach zwei Tagen stirbt er an »akutem Nierenversagen«.
Niemand darf ihn sehen.
»Ich fahre nach Berlin und bringe sie alle um!«
Er wird verhaftet, weil er einen nichtjüdischen Patienten behandelt und den gelben Judenstern »nicht offen getragen hat!«
Ich habe bei einem kurzen Heimaturlaub erlebt, wie er sich auf einem Spaziergang mit mir – ich in Panzeruniform und mit allen Orden und Ehrenzeichen – ein Buch als Tarnung vor die Brust hält. Nur die Bändchen seines Eisernen Kreuzes und seiner Rotkreuz-Medaille im Knopfloch sind zu sehen.
Ich habe ihn so gut verstanden.
Er will kein Jude sein.
Er ist kein Jude.
»Ich fahre nach Berlin und bringe sie alle um!«
Onkel Hugo, Tante Paula, Tante Käthe, drei Nichten und vier Vettern werden im Morgengrauen aus ihren Wohnungen geholt und nach dem Osten transportiert.

Sie kommen alle in den Gaskammern um.
Im Paß meiner Mutter wird als zweiter »offizieller« Vorname »Sarah« eingetragen.
»Ich fahre nach Berlin und bringe sie alle um!«
Meine Eltern kommen.
Ich erkenne sie nicht.
Sie bleiben zwei Tage.
Dann bin ich über den Berg.
Drei Wochen Lazarett.
Vier Wochen Genesungsurlaub.
Beförderung zum Fahnenjunker.
Abstellung zur Waffenschule.
Ich bin Lehrgangsbester in Taktik.
Eine Woche vor der Beförderung zum Feldwebel werde ich zum Kommandeur bestellt.
Er braucht mir nichts zu sagen.
Ich habe dasselbe schon einmal erlebt.
Es ist zwei Jahre her.
Ich trug nicht die silbernen Litzen des Offiziersanwärters.
Ich trug eine grüne Führerschnur.

XXV

Es ist Juli 1944.
Ich bin gerade zwanzig Jahre alt geworden.
Es ist schwül. Die Luft steht wie eine Mauer.
Ich sitze im Schatten einer zerfledderten Kiefer.

Weine, daß es mich schüttelt, tausche meine silberbetreßten Schulterstücke gegen normale aus und klebe mir – es kommt mir bei aller Demütigung lächerlich vor – einen Obergefreitenwinkel auf den linken Oberarm.
Ich presse ihn mit der rechten Hand fest, bis er einigermaßen hält und sich die Ecken nicht mehr wölben, wie bei einer Scheibe alter Wurst.
Ich bin in den »mir aufgrund meiner Dienstzeit zustehenden Mannschaftsgrad« zurückversetzt.
Von »der Aberkennung der Auszeichnungen« hat man wegen meiner bewiesenen Tapferkeit Abstand genommen.
Im Januar habe ich nach wochenlanger Untersuchungshaft mit – gerade wegen ihrer um Schonung bemühten Korrektheit – besonders peinigenden Verhören im Dachstock meiner Kaserne 21 Tage verschärften Arrest abgesessen, nur jeden dritten Tag ein warmes Essen, ansonsten Malzkaffee und Kommißbrot.
Ich bin wegen defaitistischer Äußerungen »Ich fahre nach Berlin und bringe sie alle um«, hauptsächlich aber wegen Verschweigens meiner jüdischen Abstammung verurteilt worden.
Ich wollte Offizier werden und hatte kindisch verstockt geglaubt, den Nachprüfungen entgehen zu können.
Sie hatten es natürlich entdeckt. Und hätten meine Vorgesetzten nicht so vehement für mich Partei ergriffen, wäre meine Strafe bestimmt nicht so glimpflich ausgefallen.

Der Staatsanwalt hatte »Bewährungskompanie im Osten« gefordert. Es hätte mein Ende bedeutet.
Ich bin zu den Resten meiner alten Einheit in den Westen abgestellt.
Vor ein paar Wochen hat die Invasion begonnen.
Ich knöpfe meine schwarze, totenkopfverzierte Panzerjacke zu, werfe mir das Marschgepäck über die Schulter und stapfe durch tiefen, heißen Sand zum Waldweg zurück.
Eine halbe Stunde später sitze ich im Zug nach Paris.
Ich habe in den drei Wochen meiner Einzelhaft ein Tagebuch geführt.
Ich hab es nach zehn Tagen abgebrochen, weil mir etwas widerfahren ist.
Ich habe den Sinn des Lebens entdeckt, den Sinn meines Lebens. Ich habe entdeckt, wie ich leben will, leben muß, nur leben kann.
Ich habe dieses Tagebuch monatelang nicht mehr angesehen.
Ich habe es in meine Gasmaskendose versteckt.
Ich öffne den Verschluß.
Ich spüre die verblüfften Blicke meiner feldgrauen Mitreisenden.
Ich ziehe es betont langsam heraus, obwohl ich sehr aufgeregt bin, versuche, es geradezubiegen, aber es springt zurück.
Die Handschrift der ersten Seite in all ihrer bemühten Sorgfalt hat kaum mehr etwas mit der befreiten Spontaneität der letzten Seite zu tun.
Da muß tatsächlich etwas passiert sein, was sich

meinem sonst so häufigem Bemühen um Wirkung entzogen hat.

»Freude, nichts als Freude sei dein Leben. Freude am scheinbar Unscheinbarsten. Freude in jeder Sekunde deines Lebens. Freude über alles, was atmet, über alles, was Farben hat, über alles, was die Seele erregt oder das Gemüt besänftigt.«

Und dann noch, daß jede Weltanschauung, jede Religion abzulehnen seien, da sie durch ihre extremen, unerfüllbaren Forderungen zu miesen Kompromissen führen müßten, die ihrerseits wieder schlechtes Gewissen und Angst erzeugen würden.

Sicher hatten Verzweiflung und Einsamkeit der Einzelhaft die Konzentration auf kleinste Glückserlebnisse gefördert.

Aber immerhin hatte ich auch unter diesen extremen Bedingungen etwas gefunden, das mir Kraft gab und sie mir auch jetzt wieder gibt.

Ich merke, wie mich ein überlegenes Wissen überflutet.

Ich werde rot.

Meine Mitreisenden scheinen meinen Ausdruck als stolz-verschämte Verliebtheit zu deuten.

Sie sehen neugierig auf das Papier in meiner Hand: »Ein Liebesbrief?«

»Ja, so etwas Ähnliches!«

Ich sehe aus dem Fenster. Sehe gelbe Getreidefelder. Grüne Wiesen mit braunweiß gefleckten Kühen. Ein rotes Kirchturmdach mit einem goldenen Hahn.

Hinter der geschlossenen Schranke ein Ochsengespann mit einem winkenden alten Bäuerlein in blauem Drillich.
Spielende Mädchen mit dicken blonden Zöpfen und einen winzigen bellenden weißen Spitz.
Die Sonne ist unwirklich groß und unwirklich rot, und wir fahren genau in sie hinein.
Ich sehe nichts vom Krieg.
Ich liebe diese Welt –
Ich liebe dieses Leben.
Mir kann nichts passieren.
Ich habe etwas, das sie alle nicht besitzen.
Ich betrachte sie, diese sonnenverbrannten, gesunden Gesichter, die kräftigen Hände, die hartgekochte Eier auf dem Fensterbrett aufschlagen und die Schalen sorgfältig in den Aschenbecher pellen.
Ihre rissigen Finger hinterlassen dunkle Spuren auf dem glänzenden Eiweiß.
Dann greifen sie in einen Haufen grobkörniges Salz, das einer auf braunem Packpapier ausgebreitet hat.
Sie lassen angestoßene Bierflaschen aufschnappen und schütten sich das dünne Kriegsgebräu, ohne zu schlucken, tief in den Schlund.
Ich mag sie.
Der Zug durchfährt eine sanfte Kurve.
Die untergehende Sonne trifft sie voll, übergießt sie mit Gold.
Einer von ihnen blinzelt gegen das Fenster und zieht dann den flatternden, dreckigen Vorhang vor:

Nichts scheint bedeutsam an diesem Augenblick. Aber ich weiß, daß ich ihn nie vergessen werde.

XXVI

Es ist Anfang August 1944.
Vor sechs Wochen bin ich zwanzig geworden.
Ich befinde mich auf einer Soldatensammelstelle im Westen von Paris und habe Angst.
Nach meinem Marschbefehl hätte ich mich bereits vor einer Woche melden müssen.
Ich habe die letzten Tage bei einer Französin verbracht, die ich vor der Bahnhofsmission im Gare de l'Est nach dem Weg zu eben jener Sammelstelle gefragt habe.
Sie sagte, ich bringe Sie mit der Metro hin, ich muß sowieso in diese Richtung.
Als ich nach drei Stationen in einer Kurve an sie gedrückt werde, mich entschuldige und ein Lächeln geschenkt bekomme, weiß ich, daß ich zu ihr gehen kann.
Sie wohnt in einem Haus mit abgeblätterter Fassade ganz oben unter dem Dach.
Sie drückt der Concierge Geld in die Hand.
Die nimmt es wortlos an.
Es ist eine Abmachung zwischen den beiden, das merke ich sofort.
Es stört mich nicht.

Ich gehe hinter ihr die Treppe hinauf.
Sie hat winzige Füße.
Rote Schuhe mit den höchsten Absätzen, die ich je gesehen habe, Riemchen um die Fesseln, keine Strümpfe.
Sie trägt einen blauen Rock mit einem tiefen seitlichen Schlitz.
Der Rock ist rot gefüttert und sitzt sehr eng. Sie setzt die Füße nach außen, wie eine Tänzerin.
Ihre weiße Bluse ist am Rücken durchgeschwitzt, ihr Haar ist strohig blond gefärbt.
Die Augenbrauen sind rasiert und mit einem Stift nachgezogen, die Lippen dunkelrot und über die Ränder geschminkt.
Ihr Busen muß winzig sein.
An der rechten Hand trägt sie einen dicken Ehering.
Sie ist sicher zehn Jahre älter als ich.
Sie ist die schönste Nutte, die ich je gesehen habe.
Sie ist die Nutte, von der ich immer geträumt habe.
Sie dreht sich um und lächelt mich an.
Sie öffnet das Vorhängeschloß an ihrer Tür.
Ein großes Bett mit einer rosa Rüschendecke, ein Paravent aus Bambus, eine Nachttischlampe mit einer roten Glühbirne, ein Kleiderschrank aus weißem Schleiflack und ein riesiger Spiegel an der Decke, der in einer Wolke von rosa Voile schwebt.
Mein Atem geht schwer.
Meine Hände sind feucht.
Sie spricht Deutsch mit bezauberndem Akzent und bezaubernden Fehlern.

»Zieh disch aus!«
Ich versuche, Zeit zu gewinnen, und tue so, als ob das Koppelschloß klemmt.
Sie hakt ihren Rock auf, läßt ihn fallen, steigt heraus.
Sie trägt keinen Schlüpfer.
Sie ist rasiert zwischen den Beinen.
Sie dreht sich um.
Ihr Hintern ist weiß.
Die Beine sind von der Sonne gebräunt.
Es sieht aus, als ob sie Strümpfe anhätte.
Sie zieht ihre Bluse über den Kopf, geht hinter den Paravent.
Ich höre, wie sie Wasser in eine Schüssel gießt.
Ich ziehe mich schnell aus. Den Brustbeutel mit dem Geld stecke ich in den Stiefel, packe eine Socke drüber.
Ich behalte die Unterhose an und das grauschwarze Panzerhemd.
Ich setze mich aufs rosa Bett.
Ich weiß, daß ich diesen Tag nie vergessen werde.
Sie trocknet sich ab.
Sie sieht um den Paravent herum: »Was ist denn? Warum noch angezogen?«
Ich wage nicht zu sprechen. Sie würde merken, wie aufgeregt ich bin.
Ich deute auf den Paravent, mache lächelnd Waschbewegungen mit meinen Händen.
Sie lacht. Ich auch.
»Une seconde!«
Ich höre, wie sie Wasser in einen Eimer gießt.

Sie zieht eine Schublade heraus.
Sie hängt ein rosa Frotteetuch über den Paravent.
Sie pflanzt sich neben ihm auf wie ein Liftboy: »Bitte.«
Ihre Brust ist sehr klein, aber trotzdem schon ein bißchen schlaff. Ihr Bauch ist konkav und die Hüftknochen sind wie die Schaufeln eines Elchs. Neben dem Nabel hat sie ein großes Muttermal – es sieht aus wie ein übergroßer Steckkontakt. Sie hat einen sehr hohen Venushügel.
Den Lippenstift hat sie abgewischt.
Ich will sie küssen, sie schlüpft unter meinem Arm hindurch.
Meine Erektion ist so stark, daß ich mir überlege, ob ich nicht schnell in der Tarnung des Paravents Hand an mich legen soll. Denn ich weiß, ich werde schon nach einer Minute explodieren.
Ich getraue mich nicht.
Sie könnte es merken.
Ich habe mich nie vorher in einem Bidet gewaschen.
Ich trockne mich ab und wickle mir das rosa Handtuch um die Hüfte.
Es steht vorne sehr hoch.
Wir lachen beide.
Sie greift unter das Handtuch, streicht sehr sanft die Innenseite meines Oberschenkels hoch und nimmt mich in die Hand.
Ganz fest.
Ich beginne lautlos zu zählen.
Sie zieht mich neben sich aufs Bett.

Ich will sie küssen, sie schlüpft wieder unter meinem Arm hindurch.
Sie entknotet das Handtuch und nimmt mich in den Mund.
Ich zähle verzweifelt.
Es hilft nichts.
Ich will aus ihr heraus. Sie hält mich fest.
Es wirft mich ihr entgegen.
Ich fliege durch die Decke in den Himmel.
Tanze wie der Ball auf der Wasserfontäne einer Schießbude.
Werde herausgeschleudert und falle durch das Bett, den Fußboden, das Haus, in die Erde hinein.
Und falle und falle.
Und habe keine Angst.
Ich liege wieder im Bett.
Allein.
Sie wäscht sich hinter dem Paravent.
Ich schließe die Augen.
Ich weiß, daß ich etwas erfahren habe, das das Größte in meinem Leben bleiben wird.
Und daß es nichts mit der Liebe zu tun hat, die in den Büchern meiner Kindheit beschrieben wurde.
Daß alle Zärtlichkeit zur Lust führen muß.
Und wenn diese Lust etwas mit meiner Abstammung zu tun haben sollte, daß ich nicht dagegen ankann. Daß ich diese Lust haben möchte, immer und immer wieder. Daß ich vielleicht nicht so liebesfähig wie die anderen bin, die rassisch sauberen. Daß ich aber diese Lust haben möchte. Und daß ich niemandem davon etwas erzählen werde.

Ich gebe ihr alles Geld, das ich besitze.
Ich bleibe fünf Tage und Nächte.
Sie ist immer wieder stundenlang unterwegs.
Ich weiß nicht, was sie macht.
Ich frage sie auch nicht.
Ich warte auf sie.
Ich erfahre Dinge, von denen ich nicht einmal geträumt habe.
Ich bin verrückt nach ihr.
Ich darf sie nicht ein einziges Mal auf den Mund küssen. –
Ich bin auf der Sammelstelle und habe Angst.
Kein Mensch fragt mich, wo ich so lange war.
Der Feind steht schon zu nahe.
Ich soll einen Lastwagen mit Panzergranaten nach vorne bringen.
Es ist ein Fiat.
Von den Italienern für die Wüste gebaut.
Er hat Allradantrieb und zehn Gänge.
Über dem Fahrersitz ist eine Luke, durch die man hinaussehen kann.
Fünfzig Kilometer westlich von Paris kommt die Kolonne ins Stocken.
Ich klettere hoch. Stelle mich auf den Fahrersitz, um zu sehen, was vorne los ist.
Drehe mich um.
Da sehe ich zwei Spitfire.
Im Tiefflug.
Aus ihren Bordkanonen blitzt die Leuchtspurmunition.
Soldaten rennen, Pferde bäumen sich auf, ein Krad

fliegt durch die Luft, ein Geländewagen überschlägt sich, Flammen, Rauchpilze, Explosionen,...
Ich springe ab. Der Fuß knickt um, werfe mich in eine dichte Hecke – ich muß von der Straße herunter –, Dornen zerkratzen mir Gesicht und Hände, endlich bin ich durch, falle in einen Graben; Morast und stinkendes Wasser.
Da sind sie schon über mir.
Heulende Motoren, bellende Kanonen, ich habe die Hände über dem Kopf, drücke mein Gesicht in den Dreck hinein, ein furchtbarer Schlag auf meinem Rücken, ich bin getroffen, wieso? Sie waren doch schon vorbei, ich bleibe ein paar Sekunden liegen, starr vor Angst, dann bewege ich mich vorsichtig, alles gehorcht mir, ich greife langsam auf meinen Rücken, etwas glühend Heißes versengt mir die Finger, ich schreie vor Angst, bleibe wieder ein paar Sekunden liegen, endlich drehe ich mich ganz langsam herum, etwas rutscht von meinem Rücken und gluckst ins Wasser, es zischt, ich greife in die Schmutzbrühe, es ist eine Hülse der Bordkanone.
Ich lebe.
Zehn Meter neben mir das Chaos.
Ich sehe nicht hin.
Ich höre nicht hin.
Ich weiß nicht, was mit meinem Wagen passiert ist.
Die Hülse stecke ich ein.
Ich renne geduckt den Graben entlang, die Hecke schützt mich zur Straße.

Kühe drehen sich zu mir herum, ich klettere über Zäune, krieche unter Gattern hindurch, ein Fohlen mit seiner Mutter.
Abgestellte Milchkannen, ein verrosteter Traktor.
Mein Gepäck mit der Marschration ist im Wagen geblieben.
Ich weiß nicht, ob es verbrannt ist.
Mein Rücken schmerzt.
Nach zehn Minuten komme ich zu einer Kreuzung. Klettere aus meinem stinkenden Graben heraus.
Setze mich auf die Stufen eines Kruzifixes.
Es ist aus zerbröckelndem grauen Stein, auf der einen Seite voller grünem Moos, automatisch denke ich »Norden«, zu oft habe ich es meinen Pimpfen bei der Geländeausbildung beigebracht, ich muß lachen...
Ein Sanitätswagen nimmt mich mit.
Hinten stöhnen Verwundete.
Ich stehe auf dem Trittbrett. Bücke mich. Schaue in den Rückspiegel.
Die Dornen haben mir das Gesicht zerkratzt.
Ich fühle keinen Schmerz.
Ich schwöre mir, nie mehr Angst zu haben.
Ich schwöre mir, alles zu tun, um am Leben zu bleiben.
Ich denke an einen konkaven Bauch, einen hohen Venushügel und an Hüften wie die Schaufeln eines Elchs.

XXVII

Es ist Ende August 1944.
Vor zwei Monaten bin ich zwanzig geworden.
Vor zehn Minuten bin ich aus einer herbeigesehnten Ohnmacht erwacht.
Sie hat mir nichts genutzt.
Denn: Ich sitze auf einem Offiziersklappstuhl der kanadischen Armee und lasse die restlichen 2300 Gefangenen an mir vorbeidefilieren.
Entblößte Oberkörper mit Erkennungsmarken an verschwitzten Bändern, heruntergelassene, in Kniehöhe mit einer Hand gehaltene Hosen, die andere Hand am schlaffen Glied, bemüht die Eichel freizulegen; Gesundheitsappell beim Lagerarzt. Er hat eine Uhrmacherlupe ins Auge geklemmt und sieht im Abstand von drei Zentimetern die Ursache jenes Gestanks, der mir über zwei Metern Entfernung zur Ohnmacht verhalf.
Ein Sammellager in der Normandie.
8400 Gefangene, über 2000 davon ausländische Hilfstruppen, Ukrainer, Esten, Letten, Litauer; das letzte Aufgebot.
Ich bin Lagerdolmetscher.
Die Temperatur im Sanitätszelt dürfte 30 Grad betragen; keiner hat sich die letzte Woche waschen können; übereifrig stehen sie in Schlangenlinien; sollte ich jemals eine Anlage zur Homosexualität besessen haben, diesen Tag hat sie nicht überlebt. –

Ich bin erst ein paar Tage bei meiner Einheit, da ruft mich der I C Offizier, der mich bereits aus Rußland kennt, in den Bus, den man zum Regimentsgefechtsstand umgebaut hat.
Er sagt: »Ich lasse Sie jetzt ein paar Minuten allein. Verstehen Sie?«
Ich verstehe nichts.
Er geht.
Ich blicke mich um.
Entdecke ein Dokument mit dem Briefkopf der SS.
Er hat es herumgedreht und so auf dem winzigen Schreibtisch drapiert, daß ich es auf jeden Fall sehen muß.
Es sind sieben Namen aufgeführt.
Der vierte ist meiner.
Oben steht »Wiederaufnahme des Verfahrens«.
Unten steht »unter Bewachung nach Rennes zu überführen«.
Er kommt zurück: »Alles klar!«
»Jawohl, alles klar!«
Ich spreche mit meinem Fahrer, dem Ladeschützen, dem Funker.
Einzeln.
Sie sind einverstanden.
Ganz in der Nähe ist ein verlassenes, kleines Chateau.
Ich turne die zusammengeschossene Treppe hinauf.
Ziehe das Laken vom Ehebett des Barons, stopfe es in meinen Wäschebeutel.

In der Dämmerung sollen wir mit unserem Panzer nach vorn, Sicherung der Hauptstraße, ein Tarnnetz aus mannshohen Stangenbohnen ist bereits aufgebaut.
Wir rollen langsam an die vorderste Linie heran.
Ein Obersturmführer der Waffen-SS will uns einwinken, wir fahren weiter.
Er springt zur Seite. Ich sehe, wie er schreit. Ich verschwinde in der Luke, vielleicht schießt er hinter uns her.
Wir hören nichts. Wir beschleunigen.
Die einzigen, die uns hier abschießen können, sind wir selbst.
Ich drehe den Turm nach hinten, der Funker fährt die Antenne aus, das Bettlaken entfaltet sich, eine sanfte Kurve, sie können uns nicht mehr sehen, ich klettere aus dem Turm, Vollmond, unsere riesige weiße Flagge, sie bewegt sich kaum, wir fahren ganz langsam, hier müßten ihre ersten Stellungen sein, niemand hält uns auf, wir rollen weiter, die Ketten rasseln, ein zerschossener Bauernhof mit einer Reklametafel für Pernod, ein paar Kühe, ganz dicht an der Straße, ich bilde mir ein, ihr Schreien zu hören, man hat sie seit Tagen nicht gemelkt.
Ein umgestürzter, ausgebrannter Jeep. Und wir rollen, und niemand hält uns auf.
In meinen Kopfhörern schnarrt es.
»Was machen wir?«
»Ich weiß nicht, langsam weiterfahren!«
»Mir ist das unheimlich!«

»Was glaubst du, wie mir ist!«
Wir rollen weiter.
Ich bin kurz davor, hysterisch zu werden: Wir rollen durch bis zum Kanal, gewinnen den Krieg und bekommen alle das Ritterkreuz.
Eine kleine Stadt. Verlassen. Kaum zerstört.
Ein Marktplatz mit hohen Platanen, weißes Mondlicht, unser Schatten auf dem Pflaster, ein enges Stadttor, ein Drahtverhau.
Wir halten. Motor aus. Stille.
Und dann endlich, es ist wie eine Erlösung:
»Hands up. Hände hoch!«
Ein baumlanger kanadischer Major, Colt in der Hand, um den Hals ein rot-weiß gepunktetes Tuch. Wäre nicht der flache Stahlhelm mit Tarnnetz, ein Cowboy aus einem Wildwest-Film in der Sonntagnachmittagsvorstellung.
Ein Halbkreis von Khaki springt aus dem Häuserschatten.
Wir klettern aus unserem Panzer, heben die Hände hoch, werden nach Waffen durchsucht.
Erstes Verhör.
Ich spreche Englisch.
Wir bekommen Tee und Sandwiches.
Das Brot ist so weiß und weich, wie ich es noch nie gegessen habe. Sie betrachten meine Auszeichnungen, die Totenköpfe am Kragenspiegel.
»You are SS!«
Nein, um Gotteswillen, nein.
Die Kanadier haben mir nur mein neues Soldbuch abgenommen.

Das alte, aus meiner Zeit als Fahnenjunker, hatte man nach meiner Degradierung vergessen einzuziehen. Es steckt verbogen in meiner Gesäßtasche.
Ich brauche es nur herauszuziehen.
Es würde mich sofort als Antifaschisten ausweisen, würde alle Zweifel beseitigen, mir alle Vorteile bringen.
Aber ich ziehe es nicht heraus. Ich wage es vor mir selbst nicht – und ich bin zu stolz.
Ich bin kein Antifaschist gewesen.
Ich bin ein adliger Jude, dem man verwehrt hat, Offizier zu werden.

Das Schiff heißt »Ile de France«.
So steht es in der Kabine des Bademeisters auf einer kleinen Messingplakette, die man vergessen hat abzumontieren.
Ich bin Dolmetscher und wohne in der Kabine.
Wir sind 2100 Gefangene auf den unteren Decks und 300 Kanadier und Amerikaner auf den oberen: Urlauber, Verwundete, Entlassene.
Unser Dampfer fährt Zick-Zack, um den Torpedos der deutschen U-Boote zu entgehen.
Am siebten Morgen werde ich auf die Brücke gerufen.
Wir fahren in den Hafen von New York ein.
Die Wolkenkratzer von Manhattan. Die Freiheitsstatue.
Mir laufen die Augen über.
Außer mir hat kein Gefangener dieses Bild gesehen.

Wir fahren mit dem Zug durch Kanada. In plombierten Pullmanwagen der Canadian Pacific.
Bei jedem Halt füllt der schwarze Steward das Eiswasser nach.
Zwei Tage lang nur Weizenfelder links und rechts.
Zehn Mähdrescher fahren gestaffelt hintereinander.
Wie unsere Abteilung beim ersten Angriff im Donbogen.
Ich weiß, daß wir diesen Krieg nicht gewinnen werden.
Daß wir ihn nie gewinnen konnten.
Ich weiß, daß ich mich nicht mehr tarnen muß.
Ich weiß, daß ich kein minderwertiger Mischling mehr bin.
Ich bin in Gefangenschaft.
Aber ich bin frei.
Als wir im Lager ankommen, weht die Reichskriegsflagge im Abendwind, der Lagerführer ist ein Oberfeldwebel mit dem Ritterkreuz.
Er begrüßt uns mit »Heil Hitler, Kameraden!«
Alles ist wieder wie früher.
Die Kanadier halten sich aus allem heraus.
Ich tarne mich erneut.
Ich habe Angst, daß sie über das Internationale Rote Kreuz meine Degradierung erfahren.
Ich zerreiße mein altes Soldbuch in kleine Fetzen und spüle es die Toilette hinunter.
Ich bewerbe mich bei der Theatertruppe.
Meine erste Rolle ist eine der Töchter in »Krach im Hinterhaus«.

Das Lager liegt mir zu Füßen.
Ich genieße es.

XXVIII

Es ist Ende Mai 1945.
Ich bin fast 21 Jahre alt.
Ein kanadisches Kriegsgefangenenlager am Fuße der Rocky Mountains.
Vor 20 Tagen hat Deutschland kapituliert.
Vorige Woche hat man zwei deutsche Lagerärzte und den stellvertretenden Lagerführer abgeholt.
Man wird ihnen den Prozeß machen.
Im Laufe der Jahre haben sie sieben Todesfälle als Selbstmorde deklariert. Es waren keine.
In unserem Lager mit den ersten Gefangenen dieses Krieges hat man bis zuletzt an den Endsieg geglaubt.
Und wer nicht »mit-glaubte«, der brauchte sich nicht zu wundern, wenn er eines Morgens tot an einer Brause im Waschraum hing.
Das große Schweigen ist ausgebrochen.
Jeder mißtraut jedem.
Was habe ich früher mal gesagt?
Was hat er früher mal gehört?
Was weiß ich von ihm?
Was weiß er von mir?
Überall widerliche Anbiederung.

Aber auch lächerliches Bekunden von Trotz.
Unser aller Leben ist zu Ende.
Und meins hätte endlich beginnen können.
Denn jetzt kann ich werden, was ich will!
Ich kann lieben, wen ich will!
Ich bin auf einmal kein »Minderwertiger« mehr.
Ich könnte ein »Privilegierter« sein.
Aber niemand soll das wissen.
Ich habe zu lange mitgemacht, ich habe zu lange dazugehören wollen: ich wäre mir erbärmlich vorgekommen, wenn ich jetzt einfach umschwenkte.
Ein Gang zu den Kanadiern, und ich wäre sofort in ein antifaschistisches Lager versetzt worden.
Ich hätte es als unredlich empfunden.
Ich hätte damit genau jene Eigenschaften bewiesen, die meine ganze Jugend lang als typisch für »jüdische Mischlinge« gegolten hatten.
Und ich bin mir immer noch nicht sicher, ob an diesen Rassentheorien nicht doch etwas dran ist: Zu häufig habe ich mich dabei ertappt, Dinge zu denken, Dinge zu wollen, Dinge zu tun, die andere »Arische« offenbar nicht dachten, wollten, taten.
Oder haben sie nur, wie ich – wenn auch aus anderen Gründen – nie darüber gesprochen?
Ich bin Mitglied der Theatertruppe.
Ich bin ein Star.
Jeder im Lager kennt mich.
Wir sind über vierzehntausend Gefangene.
Wir haben – bis auf die Freiheit – alles, was wir wollen.
Wir fangen morgens mit Sahneporridge an und

hören abends mit selbstgebranntem Orangenlikör auf.
Wir spielen Eishockey und Tennis.
Die besten unseres Lagers hätten im vorigen Jahr bei den deutschen Leichtathletikmeisterschaften acht von vierzehn Disziplinen gewonnen.
(Wir haben die Ergebnisse über das Internationale Rote Kreuz in Genf erfahren.)
Wir haben ein Sinfonieorchester, das ein ehemaliger Konzertmeister des Königsberger Rundfunks leitet.
Unser Theater hat Möglichkeiten, von denen jede Provinzbühne träumt.
Wir haben Hierarchien entwickelt, wie in einer idyllischen deutschen Kleinstadt.
Ich trage Maßhosen, Maßhemden, kann mich auch nach dem Zapfenstreich noch im Lager frei bewegen.
Aber alles nur, weil ich ein »Theaterstar« bin.
Ich will meine »Karriere « nicht meiner Abstammung verdanken.
Die Kanadier wollen demokratische Spielregeln einführen. Es sollen Wahlen stattfinden.
Mehrheitsentscheidungen. Dienstränge der deutschen Wehrmacht haben keine Berechtigung mehr.
Unser kanadischer Führungsoffizier, schön wie der Erzengel Gabriel, sicherlich latent homosexuell, obwohl er mir Fotos seiner wunderschönen franco-kanadischen Frau gezeigt hat, hält die erste »freie« Versammlung nach dem Kriege ab.

Die Lagerelite ist versammelt.
Alle Orden und Ehrenzeichen, die, falls sie im Anfang der Gefangenschaft gegen Zigaretten und Schokolade eingetauscht wurden, im Lager – aus Blei und Farbe – wieder angefertigt werden mußten, all das ist verschwunden.
Aber sie haben Spuren auf den Uniformjacken hinterlassen, dunkle, von der Sonne verschonte Flecken, wie die Konturen der Bilder auf einer alten Tapete beim Umzug.
Eifrige, demokratiehungrige Gesichter: äußerste Toleranz im Auge, biederste Liebenswürdigkeit im Mundwinkel, sitzen so aufrecht, wie sie es gerade noch mit ihrer nazistisch-preußischen Läuterung vereinbaren können.

Der kanadische Erzengel spricht von den neuen Zeiten, die nicht mehr durch Parteibuch oder Rasse entscheiden, wer das Sagen hat, sondern einzig durch die Legitimierung einer demokratischen Mehrheit.
Es ist Aufbruchstimmung: vermeintlicher Triumph, ungewisse Niederlage. Jetzt wird sich herausstellen, wer wirklich das Vertrauen der Kameraden hat.
Ich zweifle keine Sekunde daran, daß ich der erste demokratisch gewählte Chef der Theatertruppe werden muß.
Nur ich weiß, welchen Eigenschaften ich das zu verdanken habe.
Ich hasse diese Eigenschaften.

Am Nachmittag werde ich mit einer Gegen- und einer ungültigen Stimme gewählt.
Meine erste Inszenierung ist »Was Ihr wollt!«

XXIX

Es ist März 1946.
Seit ein paar Tagen bin ich wieder in England.
Arbeite als Dolmetscher im »Labor Office« unseres Lagers.
Mein unmittelbarer Vorgesetzter ist Staff-Sergeant und heißt John S. Levy.
Er ist klein und dick, trägt eine dicke, goldgefaßte Brille, die Kappen seiner blankgewichsten Stiefel sind nach oben gebogen.
Er ist 1936 aus Berlin emigriert und hat ein kleines Schmuckgeschäft in der Oxford-Street.
Er kompensiert seine unsoldatische Erscheinung durch besonders zackiges Auftreten. Er wirkt lächerlich, allenfalls rührend.
Beim militärischen Gruß zuckt sein angewinkelter Unterarm noch Sekunden nach. Er kann sich nicht tarnen – wie ich.
Er tut mir leid. Es ist deutlich, wie er von den »englischen« Unteroffizieren geschnitten wird.
Auch unser Lagerchef, ein schottischer Captain im blaugrünen Kilt mit rotgefrorenen Knien, grinst unverhohlen hämisch, wenn Levy – aufstampfend

– mit heftigem deutschen Akzent verkündet, das Lager sei zur morgendlichen Zählung angetreten. Einmal lädt er mich an einem Sonntag in die Sergeants-Mess ein, obwohl das sicher verboten ist. Er verschwindet in einem durchgesessenen Lederfauteuil, nur seine Ellenbogen sind auf der Lehne zu sehen.

Ein Glas mit Ginger Ale hängt ihm in der einen Hand, in der anderen eine nasse Zigarre mit Bauchbinde.

Er starrt in den Kamin mit den künstlich glühenden Kohlen und erzählt von seinem Heimweh nach Berlin.

Ich kann es verstehen, trotz allem, was passiert ist.

Ich stelle keine Fragen.

Er zeigt mir Fotos seiner Eltern, seiner Geschwister, seiner Vettern und Cousinen.

Deportiert, verhungert, vergast.

Ich beiße mir auf die Oberlippe, um nicht loszuheulen.

Er merkt trotzdem etwas.

»Sie haben ja nichts damit zu tun!«

Er tätschelt meine Schulter.

Ich schüttle den Kopf.

Ich gebe mich nicht zu erkennen.

Nachts bekomme ich einen schweren Asthmaanfall.

XXX

Es ist Juli 1946. Ich bin gerade zweiundzwanzig Jahre alt geworden.
Staff-Sergeant Levy gibt mir ein hektographiertes Blatt, das ich ans schwarze Brett heften soll.
»Die neugegründete Theatre Troupe des Y.M.C.A. sucht Schauspieler (keine Amateure) für Tournee durch England.
Ihr Status und ihre Privilegien werden denen der deutschen Mitarbeiter der BBC entsprechen. Deshalb ist absolute politische Unbedenklichkeit Voraussetzung.«
Ich bewerbe mich und werde zu einem »screening« nach London bestellt.
Ich fahre ohne Bewachung. In einem Offiziers-Trenchcoat der englischen Armee.
Victoria-Station, Charing Cross. In der U-Bahn stehe ich zwischen geschminkten Sekretärinnen, starre auf den abgeblätterten Nagellack ihrer vom Tippen abgenutzten Finger, lasse mich in jeder Kurve sanft an weiche Hüften drängen, atme billiges Parfüm, lächle entschuldigend ohne Antwort, bin aufgeregt und glücklich und frei und weiß, daß ich genau diesen Augenblick schon einmal erlebt habe.
Er ist zwei Jahre her, die Metro, Paris, gelb gefärbtes Haar, nachgedunkelter Scheitel, rote Riemchenschuhe, der Gang einer Ballerina, und ich tanze wie der Ball auf der Fontäne eines Schieß-

standes, fliege in den Himmel und falle durch die Erde hindurch...

Es ist zwei Jahre her, daß ich eine Frau gespürt habe. Dazwischen gab es nur Sehnsüchte und Phantasien und geträumte Abenteuer und einen in Ekel und Verwirrung gescheiterten Versuch einer Gefangenschaftsbindung.

Ich nehme Witterung auf.

Die Rolltreppe in Holborn ist so lang, daß ich ihr Ende nicht sehen kann.

Das Haus ist eine ehemalige Schule. Es ist aus hellgrauem Sandstein. An den Fensterkanten hat es der Regen schwarz gemalt. Unter den Fensterbänken jedoch ist es sauber und hell.

Ich schaue nach oben.

Ein Kuchen schiebt sich über den Rand, Mädchen kichern und lachen, und ich weiß mehr als alle anderen.

Es ist 1946. In ein paar Tagen ist Weihnachten.

– Ein alter Mann studiert gewissenhaft meine Vorladung.

Er ist ein Veteran des ersten Weltkriegs.

Er trägt drei Reihen bunter Ordensbänder.

Die Schultern seiner blauen Uniform sind voller Schuppen.

»First Floor.«

Ein leergeräumter Klassenraum, am anderen Ende drei Tische.

Dahinter drei Offiziere des Intelligence-Service, davor drei Schlangen wartender deutscher Gefangener.

Die linke Reihe ist am kürzesten. Ich stelle mich an. Rücke ein paar Schritte vor. Trete etwas aus der Reihe, um mir meinen Prüfer anzusehen.
Er ist sehr jung, hat schwarzes Haar, eine große gebogene Nase, dunkle Augen hinter tiefen Lidern, ich weiß sofort, daß er Jude ist.
Ich rücke weiter vor.
Er sieht sich seine Reihe an, blickt auf die Uhr, dreht sich zu seinem Nebenmann um. Mit verbogenem Hals.
Ich kenne diese Haltung.
Er lächelt schief. Ich kenne diesen Mund.
Er wendet sich dem Nächsten zu, bedeutet ihm, sich hinzusetzen.
Ich rücke weiter vor.
Er guckt ihn von unten her an.
Ich kenne diesen Blick.
Höre ihn reden. Ich kenne diese Stimme.
Er putzt sich die Nase, sieht ins Taschentuch... da weiß ich, wer es ist.
Er ist Siegfried Salomon, der in der Sexta neben mir saß, der mein Freund sein wollte und den ich nicht leiden konnte. Der zu lange Hosen trug und Schnürstiefel wie Tante Mieze, der nicht Fußball spielte und vom Religionsunterricht befreit war. Den ich widerlich fand mit seinem dicken Vater und seiner schmuckbehangenen Mutter.
Ich spüre den Asthmaanfall, trete aus der Reihe, murmele etwas Entschuldigendes, stelle mich in der Mitte an, recke suchend den Kopf und gehe zur rechten Schlange hinüber.

»Weißt du jetzt endlich, was du willst!?«
»Entschuldige, aber ... da vorne ist...«
Mir fällt nichts mehr ein.
Wütende Blicke, auch ein paar erstaunte und argwöhnische.
Mein neuer Prüfer ist an die Fünfzig, rothaarig, sommersprossig und wimpernlos.
Ich rücke weiter vor.
Aber immer so, daß mich ein Mann in der mittleren Reihe vor Siegfrieds Blicken schützt.
Jetzt sieht auch mein Rothaariger auf die Uhr. Und seine Schlange entlang.
Es ist kurz vor elf. »Teatime.«
Links noch ein Gefangener, in der Mitte zwei, vor mir drei.
Ich bin der letzte.
Siegfried wird zuerst Pause machen. Er wird aufstehen, in die Offiziersmesse gehen. Und ich bin gerettet.
Er ist fertig, reckt sich, nimmt seine Mütze vom Tisch und geht zu seinem mittleren Kollegen.
Der trägt Luftwaffenuniform, hat den linken Ärmel nach außen hochgeschlagen. Eine Sicherheitsnadel hält ihn an der Schulter. Sein Armstumpf ruht auf den Formularen. Er sitzt schräg und schreibt verdreht.
Siegfried lehnt sich an die Schultafel hinter ihm. Er wartet auf ihn.
Die Tafel ist grün. Verschmierte Kreideschlieren. Ein ausgetrockneter Schwamm.
Siegfried dreht sich um und reibt die Tafel sauber.

Der Schwamm staubt. Er taucht ihn in die Waschschüssel.
Er wischt mit System.
Wie in der Sexta. Zuerst von links nach rechts. Und dann von oben nach unten. Der Schwamm tropft.
In der Mitte ist der letzte dran.
Vor mir ist noch einer.
Siegfried dreht sich herum, der Mittlere steht auf: »We are already going. You join us?«
Der Rothaarige nickt.
Ich blättere in meinen Papieren.
»Sind Sie nicht... bist du nicht...?«
Ich schaue auf: »Ja, ich bin's!«
»Menschenskind!«
Siegfried kommt auf mich zu, umarmt mich, alle sehen her, ich kriege kaum noch Luft: »He was my friend at school!«
Er sitzt mir gegenüber, in Sekunden bin ich ein »White prisoner«, »Ich kenn dich doch«... »Du warst mein einziger Freund!«
Ich schäme mich sehr.
Zehn Minuten später stehe ich auf der Straße.
Zwei Tage später werde ich Mitglied der Theatertruppe.
Ein halbes Jahr später werde ich bevorzugt nach Hause entlassen.
»Schweres Asthma.«

XXXI

Es ist Juli 1947.
Ich bin gerade dreiundzwanzig Jahre alt geworden.
Zerre einen mit dicken Schnüren gesicherten Kunststoffkoffer vom Trittbrett eines Autobusses, der mich bis zum Anfang der Brücke gebracht hat.
Die Brücke führt über den Rhein und verbindet die französische mit der amerikanischen Besatzungszone.
Vor mir liegt ein Fußmarsch von 400 Metern.
Es ist acht Uhr abends. Aber immer noch unerträglich schwül.
Ganz weit im Westen blitzt es.
Das Gewitter ist so weit entfernt, daß man keinen Donner hört.
Ich trage zwei Unterhosen, ein Unterhemd, zwei Oberhemden, zwei Paar Socken, braune Wildlederschuhe mit Kreppsohle, einen dunkelblauen Zweireiher mit Nadelstreifen, helle Schweinslederhandschuhe und einen Homburger auf dem Kopf.
Alles neu.
Es sind Einkäufe, die mir meine Verwandtschaft im Saargebiet ermöglicht hat.
Das Saargebiet ist ein von den Franzosen vollgestopftes Schlaraffenland, in dem es für Francs alles zu kaufen gibt.
Tagelang habe ich mich in heißen engen Umkleidekabinen immer wieder umgezogen, bis ich

die Garderobe zusammenhatte, die mir an jedem Theater eine glänzende Karriere als Bonvivant eröffnet; allein der steife Hut verspricht mir alle Operettenrollen, falls sie nicht wirkliches Belcanto verlangen.
Bereits nach hundert Metern bin ich durchgeschwitzt.
Immer kürzer werden die Abstände, in denen ich den Koffer absetzen muß.
Schinken, Würste, Butter in einem Einweckglas, Kaffee, Seife, Tabak, Zigaretten.
Ein Kofferschloß springt auf, der Rahmen verbiegt sich beängstigend, der Gürtel meines neuen Regenmantels baumelt heraus.
Ich stopfe ihn wieder hinein.
Setze mich auf den Koffer, der Hut rutscht mir vom Kopf, rollt zum Brückengeländer, bleibt liegen. Sein Schweißband ist naß.
Ein Kofferschloß schnappt nicht mehr ein.
Ich würge mir den Schlips vom Hals, er ist dunkelblau mit roten und weißen Rauten. Stecke ihn mir in die Jackentasche. Der obere Schließknopf des Zweireihers reißt ab. Meine Mitreisenden sind längst auf der amerikanischen Seite angelangt.
Dort wartet der neue Bus.
Ich bin ganz allein auf der Brücke.
Ich habe das Gefühl, vom Zollhaus her beobachtet zu werden.
Ich habe Bescheinigungen für alle Lebensmittel und Kleidungsstücke. Weiß aber nicht genau, wieviel ich mitbringen darf.

Ich weiß, daß Kontrollen zwischen der französischen und der amerikanischen Zone nur noch als Stichproben stattfinden.
Warum soll man ausgerechnet mich durchsuchen?
Hinter mir im Westen geht die Sonne unter. Sie versteckt sich hinter dem mächtigen Turm des Doms. Seine überstrahlte Silhouette scheint makellos. Dabei ist er von Bombensplittern arg mitgenommen.
Zwei amerikanische Unteroffiziere und drei deutsche Hilfspolizisten unterbrechen ihre in mühseligem Kauderwelsch geführte Unterhaltung.
Sie grinsen sich verschwörerisch zu.
Ich bekomme Angst.
Und ärgere mich, daß ich Angst bekomme.
Sie bilden ein Spalier, das sich nach hinten verjüngt.
Ich sage unsicher »Guten Abend« und versuche, ohne Kofferabsetzen weiterzugehen.
Ich spüre ihre ironischen Blicke, spüre meine Ohnmacht.
Hasse sie und mich.
Ich passiere die letzten.
Sie weichen kaum aus. Mein Koffer stößt dem einen ans Knie. »Entschuldigung.«
Ich bin durch.
Stelle den Koffer ab. Gehe vorne um ihn herum, daß ich sie ansehen kann.
Ein Versuch, etwas von der Scham zu verlieren, die ich über meine lächerliche Angst empfinde.

Ich blicke sie fest an. Nicht geringschätzig. Aber so, daß sie meine wiedererlangte Sicherheit spüren.
Ich fasse den Griff mit der anderen Hand, da ruft mich einer der Deutschen an:
»Kommen Sie noch mal zurück. Ich will es mir doch mal ansehen.«
Ich schlucke meine Furcht hinunter.
Schwinge betont forsch den Koffer auf den Tisch der Baracke. Das zweite Schloß springt auf. Ziehe meine Handschuhe aus. Sie grinsen. Zerre meine Bescheinigungen aus der Tasche. Sie sind zerknittert und feucht von Schweiß. Die Tinte ist verlaufen.
Sie studieren sie wichtigtuerisch.
Ich entknote die aneinandergestückelte Schnur.
Ein verrosteter Ventilator quietscht von einem Regal. Sein Luftstrom geht über mich hinweg.
Ich merke, wie mir der Schweiß aus den Achseln läuft.
»Sie können wieder zumachen. Alles in Ordnung.«
Sie haben nichts angefaßt. Nichts kontrolliert.
Es ist die reine Schikane.
Ich bin wütend. Sie gehen grinsend vor die Tür.
Was habe ich getan, daß sie ausgerechnet mich herausgefischt haben?
Ich verschnüre den Koffer. Setze mich auf ihn.
Glas splittert.
Es muß das Einmachglas mit der zerlaufenen Butter sein.

Es ist mir egal.
Ich versuche erst gar nicht, die Schlösser zuzumachen.
Als ich den Koffer am Griff packe, reißt er ab.
Ich bin kurz vorm Heulen.
Ich zerre ihn an der Schnur hinter mir her.
Einen Handschuh wie einen Topflappen benutzend.
Zwei Deutsche lehnen in der Tür –
ich will zwischen ihnen durch.
»Würden Sie sich bitte in der Kabine mal ausziehen!«
Augenblickliche Atemnot. Die ersten Anzeichen eines Asthmaanfalls.
Ich ziehe die Jacke aus.
Das erste Oberhemd.
Die beiden stehen in der Tür und lachen.
Sie rufen die anderen herbei.
»Ihnen muß aber kalt sein?«
Ich ziehe das durchgeschwitzte zweite Hemd aus.
Das Unterhemd.
»Weiter!«
Die Hose, die beiden Unterhosen.
Sie können sich nicht fassen vor Lachen.
Die beiden Amerikaner sehen herein.
Prusten los.
»Mein Gott, warum haben Sie das denn alles übereinandergezogen? Doch nicht etwa, weil Sie schmuggeln wollten.«
Das Blut schießt mir in die Ohren.
»Ich...«

»Angemessener persönlicher Bedarf ist ohne Einfuhrbeschränkungen.«
Sie gehen lachend aus der Baracke.
Ich ziehe mich wieder an.
Die Doubletten drehe ich zu einer feuchten Kleidungswurst zusammen, klemme sie unter die Kofferschnur. Ich sehe mich in einem Spiegel, in dem Ansichtskarten von New York, dem Westerwald und Florida stecken.
Da weiß ich, warum sie mich, ausgerechnet mich herausgefischt haben.
Da weiß ich, warum sie mich gedemütigt haben.
In meinem dunkelblauen Anzug mit schlipslosem Hemd und weißem Schillerkragen, den steifen Hut auf dem Kopf sehe ich aus wie der junge Rabbi, den ich am Sabbat in unsere kleine Synagoge hasten sah.
Ich sehe aus, als wäre ich einem Comic strip des »Stürmer« entsprungen.
Meine Herkunft hat mich eingeholt.
Ich hasse mich.
Ich schäme mich.
Sie lachen hinter mir her.
Mit meinem verschnürten, aufgequollenen Koffer sehe ich aus, als wäre ich gerade in Auschwitz angekommen und wartete auf der Rampe auf meine Selektion.

XXXII

Es ist Mai 1948.
Im nächsten Monat werde ich vierundzwanzig Jahre alt.
Seit einem halben Jahr bin ich jugendlicher Liebhaber bei einer Wanderbühne.
Als ich vor einem Jahr aus der Kriegsgefangenschaft nach Hause kam und mit dem Studium der Theaterwissenschaft beginnen wollte, eröffnete mir mein Vater, daß er all mein Geld für seinen und meiner Mutter Lebensunterhalt verbraucht hatte und daß es wohl sinnvoller wäre, wenn ich mich nach einem Beruf umsähe, in dem ich gleich etwas verdienen könne.
Ich war über diese Entwicklung weniger unglücklich, als man annehmen könnte, obwohl die Selbstverständlichkeit, mit der mein Vater über meine aufgelaufene Löhnung und mein Ererbtes verfügt hatte, mich hätte zornig machen müssen. Um so mehr, als er auch alle Aktien, die mein Großvater mir hatte überschreiben lassen, auf dem Schwarzen Markt für Kaffee und Zigaretten verscherbelt hatte.
»Sie waren sowieso nichts mehr wert!«
Daß sie ein paar Monate später – nach der Währungsreform – wieder notiert wurden und ich mit ihnen ein kleines Vermögen besessen hätte, es regte mich auch später nicht sonderlich auf.
Ich will alles aus eigener Kraft schaffen.

Ich will keine Wiedergutmachung.
Keine Haftentschädigung.
Ich fühle mich nicht dazu berechtigt.
Ich war kein Widerstandskämpfer.
Ich bin zu stolz, mich als Opfer einstufen zu lassen. Vielleicht, nein sicher ist das dämlich.
Aber ich kann nicht anders, will ich nicht meine wiedergewonnene Selbstachtung in Frage stellen.
Und was bringt mir ein Studium?
Ich hatte in der Gefangenschaft alles gelesen, was mir in die Finger kam.
Ich hatte amerikanische und französische Autoren schon lesen können, als sie daheim noch verboten waren.
Ich profitiere noch heute von diesem Vorsprung.
Und so bin ich nach einem kurzen Gastspiel bei einem Tourneetheater, das ich wegen hämischer Kommentare über meine spießige Prinzipalin abrupt beenden mußte, bei dieser Wanderbühne gelandet.
Ich habe ein bißchen »Leicester« und ein bißchen »Moritz Stiefel« vorgesprochen.
Ausschlaggebend aber dürfte der Monolog eines enttäuschten Sohnes über seinen diktatorischen Vater gewesen sein, den ich einem vor zwei Wochen in London uraufgeführten Stück eines irischen Autors entnommen hatte. Dieses Stück ist nie geschrieben worden.
Durch die notwendigerweise zu entwickelnde Improvisation bin ich aber von einer solch bestechenden Natürlichkeit, daß sich der Direktor

noch vor der Schlußapotheose triumphierend zu seiner gefärbten Gattin umdreht, die gleichzeitig auch unsere Soubrette ist, und mich auf der Stelle mit 300,– Mark Monatsgage engagiert.
Ich kann mir dafür nach Abzug der Steuern und Versicherung – es ist kurz vor der Währungsreform – ungefähr fünfzig amerikanische Zigaretten kaufen.
Gottseidank bin ich Nichtraucher.
Aber Hunger habe ich.
Die Fleisch- und die Brot- und die Fettmarken reichen nicht.
Bei meiner welken Zimmerwirtin habe ich gestern mit dem Finger eine Tüte mit Haferflocken angebohrt, den herausquellenden Inhalt in meinem fleckigen Zahnputzglas aufgefangen, ihn mit Wasser und Traubenzucker aus einem Care-Paket verquirlt und die grauzähe Masse mit einem langen Cocktaillöffel in mich hineingestopft.
Es ist mir jetzt noch übel, wenn ich daran denke.
Ich stehe im größten Fleischerladen der Stadt.
Ein paar traurige Würste baumeln an der weißen Fliesenwand.
Auf dem Verkaufstisch liegen wohlgeschützt hinter Glas braunglänzende Leber, blutige Schweinenieren, drei ausgemergelte Koteletts.
Meine Zunge saugt den wässernden Gaumen leer.
Ich nestle eine 50 Gramm Fleischmarke aus meinem Portemonnaie.
Meine Mutter hat sie mir heute morgen mit der Post geschickt.

Ich gebe sie meiner Augenweide.
Sie ist von rosig geputzter Sauberkeit, mit strahlend blauen, immer lachenden Augen und einem kurz geschnittenen blonden Bubikopf.
Sie scheint unter ihrem weißen Kittel nur einen rosafarbenen Unterrock zu tragen.
Er guckt ein bißchen vor in einem Ausschnitt, der ein breites rosiges Tal zwischen runden, ganz hoch sitzenden Brüsten ist.
Das einzige, was nicht rosig ist, sind ihre roten, leicht verfrorenen Verkäuferinnenhände. Mit blitzend sauberen kurz geschnittenen rosigen Nägeln.
Sie blinzelt mir verschwörerisch mit ihren blauen Augen zu:
»Haben Sie einen Moment Zeit? Darf ich erst die Dame hier fertig bedienen?«
»Aber natürlich!«
Sie hackt und säbelt und verpackt; und immer wieder lächelt sie mir dazwischen schelmisch zu.
Ich bin beunruhigt.
»Vielen Dank, gnädige Frau. Auf Wiedersehen.«
Wie durch Zauber sind wir beide allein im Laden.
Die Rose und ich. Kein Geselle, kein Meister, kein Chef, keine Chefin.
Sie will etwas sagen, da geht die Tür auf und sie ganz schnell:
»Sie hatten mir für 150 Gramm Marken gegeben, oder?«
Ich verstehe sofort.
»Ja, für 150 Gramm.«
Sie schneidet mir eine riesige Scheibe Wurst ab.

Ich liebe sie. Ich liebe Rose.
Ich werde keck.
Am nächsten Morgen direkt nach der Probe gehe ich wieder hin. Ich drücke mich so lange vor dem Laden herum, bis kein Kunde mehr zu sehen ist. Sie hat mich längst durch das provisorisch reparierte Schaufenster entdeckt.
Sie scheint dem Mann, den ich für den Chef halte, etwas zuzuflüstern.
Er streift mich mit einem Blick, geht dann unwillig mit einem blau angelaufenen Ochsenschenkel in den Kühlraum. Ich bekomme 200 Gramm Leberwurst ohne jede Fleischmarke.
Sie hat mich auf der Bühne gesehen in meinem größten Erfolg als Titelheld eines Lustspiels mit Gesang, das »Der Witwentröster« heißt.
Wir spielen heute abend auf Abstecher im verrotteten Kurhaus eines bescheidenen Luftkurortes.
Ich lade sie ein mitzukommen.
Sie nimmt sofort an.
Wir fahren in unserem klapprigen Bus mit Holzvergaser. Ich halte schon auf der Hinfahrt ihre kleine rote Verkäuferinnenhand.
Sie hilft mir, unsere Kulissen aufzubauen.
Sie sitzt neben mir, als ich mich vor dem blinden Spiegel schminke.
Sie steht in der Kulisse, als ich meine große Verführungsszene mit der gefärbten Frau meines Chefs habe, die im dritten Monat ist. Doch das sieht niemand unter dem bauschenden Trachtenkostüm.

Auf der Nachhausefahrt greife ich ihr unter den knisternden karierten Rock, fühle das feste glühend heiße Fleisch ihres Schenkels, von dem ich weiß, daß er ganz rosig sein muß, sein wird.
Bin schrecklich aufgeregt.
Merke, wie sie zu schwitzen beginnt, höre ihre kurzen Atemstöße ganz dicht an meinem Ohr, nehme ihre Hand und lege sie mir auf die sich wölbende Hose.
Es dauert nur ein paar Sekunden. Dann komme ich schon.
Ich geniere mich schrecklich.
Versuche, meinen verräterischen Atem unter Kontrolle zu bekommen.
Lächle sie gespielt sicher an.
Sie scheint nichts gemerkt zu haben.
Meine Erregung ist augenblicklich dahingesiecht.
Sie versucht, mich zu küssen.
Ein Zungenkuß. So wie sie das wohl mit ihren Freundinnen ausprobiert hat.
Ich kann ihn nur halbherzig erwidern.
Ich finde, daß sie plötzlich nach Schinken und nach Blutwurst riecht.
Sie nimmt meine Hand und legt sie voller Vertrauen auf ihre eingesperrte Brust.
»Ich liebe dich!«
Ich beiße sie statt einer Antwort sanft hinter das Ohr.
Sie zittert.
Als uns ihre Eltern – es sind Chef und Chefin – das dritte Mal im Wohnzimmer unter der Craquelée-

Hängelampe, Müdigkeit vorschützend, alleine lassen, als die fettigen Päckchen, die ich jedesmal nach meinen Besuchen in der Tasche meiner sorgfältig und vorsätzlich an der Flurgarderobe aufgehängten Jacke fühle – und die mir sich stets erneuernde fleischliche Genüsse versprechen –, immer größer werden, als sich die Anzeichen unheilvoll verdichten, daß ich eingefangen werden soll, fliehe ich in Nacht und Nebel, ohne ein Wort der Erklärung in ein vages Angebot eines Senders für einen Probemonat nach Berlin.

XXXIII

Es ist Sommer 1949.
Ich bin fünfundzwanzig Jahre alt und spiele die Hauptrolle in einer Uraufführung an einem großen Boulevard-Theater in Berlin.
Ich bin der geborene Probenschauspieler.
Kann meinen Text von Anfang an.
Bin auf der ersten Stellprobe so gut wie bei der letzten Hauptprobe. Es gibt keine Entwicklung, keine Vertiefung, keine Gestaltung.
Keine Überraschung, sondern nur größtmögliche Glaubwürdigkeit, die ich immer wieder daran messe, ob die Stücktexte mit Alltagstexten identisch klingen. Ich lerne nicht auswendig – sondern präge mir den Sinn ein und entwickle ihn immer

wieder neu, werfe erfundene Adjektive, Attribute und manchmal sogar Verben durcheinander, versuche aber immer mit dem vorgeschriebenen Stichwort zu enden, um den Partner nicht vollends in Verzweiflung zu treiben. Ich kann auch gar nicht anders.

Ich habe nie eine Stunde Schauspielunterricht gehabt. Nie eine Stunde Sprechunterricht.

Meinen Dialekt, der in meiner Heimat besonders hartnäckig ist, habe ich, bis auf ein paar unausrottbare Konsonantenverfälschungen durch penible Selbstkontrolle, verstärkt durch grundsätzliche Abneigung gegen Dialekte vernichtet.

Wenn man mich überhaupt einzuordnen versucht, dann hält man mich für einen Berliner, nicht wegen der damit verbundenen sprachlichen Charakteristika, sondern wegen meiner Schnelligkeit, Schlagfertigkeit, Oberflächlichkeit.

Ich hab sofort begriffen, welch perfekte Möglichkeit der Tarnung mir damit geboten wird.

Ich bin kein Mischling mehr.

Ich bin ein fixer Berliner.

Am glücklichsten bin ich jedoch, wenn man mich für einen geistsprühenden Romanen hält. Cocteau ist große Mode, und ich versuche alles, um ihm ähnlich zu sehen.

Ich nehme sogar in Kauf, homosexuell anmutende Attitüden zu entwickeln.

Sie passen in das Klima dieser Stadt, die sich, nach überwundener Blockade, in einem Lebensrausch befindet.

Man feiert. Man liebt. Man schläft. Man schläft überhaupt nicht. Man arbeitet. Man säuft. Man kauft. Man lebt.
Ich genieße jede Minute. Ich gehöre dazu. Ich habe Erfolg. Ich bin ein Chamäleon. Ich habe in ein paar Wochen alles abgeschüttelt, was an Provinz erinnern könnte.
Ich jage nach Frauen, nach Erfolg. Ich jage Frauen über den Erfolg. Ich jage nach Erfolg über Frauen. Der beste Jäger hat die größte Strecke.
Es ist das Leben, das ich mir immer gewünscht habe.
Keine Ängste, keine Komplexe, keine Schuld, keine Unschuld.
Meine Freundin, zehn Jahre älter, eine herbe, eher unzärtliche, aber sinnliche Frau, nicht sonderlich gebildet, aber mit einer schnellen und seismographischen Intelligenz; ich schaue ihr alles ab, ich baue alles ein, was mir von Nutzen sein könnte. Ich sauge auf wie ein trockener Schwamm: es ist ein Intensivkurs, der täglich 24 Stunden dauert.
»Darf ich vorstellen. Ich habe dir schon viel von ihm erzählt.«
»Ach! Ich hab Sie mir ganz anders vorgestellt!«
»Ich weiß. Groß und blond und...«
»Nein, so auch wieder nicht, aber...«
»Doch genau so.«
»Na ja, mit Ihrem Namen verbindet man automatisch gewisse Vorstellungen...«
»Eben!«
»Tut mir leid!«

»Braucht es nicht! Ich habe das schon oft erlebt. Inzwischen kokettiere ich damit. Es hilft mir sogar!«
»Wie meinen Sie das?«
Ich grinse sie an. Sie lächelt zurück.
Hat sie verstanden?
Ihre Pupillen scheinen die Iris aufgefressen zu haben.
Sie wird eine leichte Beute sein.
Ich küsse ihre Hand, die das Glas hält.
Und drehe mich dem Hausherrn zu.
»Kann ich was zu trinken haben?«
»Aber natürlich! Entschuldige!!«
Ich führe mich vor. Meine Lautstärke ist genau dosiert. Sie kann alles mitbekommen. Ohne das es gezielt wirkt.
Ich verkaufe mich selbstironisch, charmant, unabhängig. Ich verkaufe mich zum ersten Mal so, daß – zumindest die Menschen meiner Generation – all das anerkennend feststellen müssen, was man so gemeinhin mit jüdischem Witz verbindet.
Ich rede von meiner Abstammung.
Nicht so, daß es als provozierende Eitelkeit hätte gewertet werden können, sondern eher beiläufig und in Zusammenhang mit dem offenherzigen Bekenntnis: was wohl aus mir geworden wäre, wenn ich ein Nazi hätte werden dürfen. Daß es also nicht mein Verdienst war, wenn ich keiner geworden bin. Und ich deshalb Menschen nicht verurteilen könne, die … usw.
Das klingt entwaffnend und überzeugend und öff-

net mir auch die verschüttetsten Nazi-Türen zu den verhärmtesten deutschen Herzen.
Es ist nicht die Wahrheit.
Aber es ist wirkungsvoll.
Natürlich erzähle ich alles nur »ihr«.
Ich schiebe mich unter dem Vorwand, ein paar salzige Mandeln ergattern zu wollen, dichter an sie heran.
Und da habe ich sie.
Ich spüre ihren Blick.
Es ist nur eine Frage der Zeit.
Und die habe ich. Reichlich!
Vor allem muß ich herausfinden, ob sie »mit Mann« oder »ohne« da ist.
Ob sie geschieden ist?
Mit wem befreundet?
Die Hausherrin wird mir das alles sagen.
Sie ist kupplerisch genug, daß unverhohlene Fragen ihr das größte Vergnügen bereiten.
»Ihr Mann ist der da drüben. Der sich an seiner Dunhill festhält.«
Ich lächle. Ich kenne ihre Theorie, daß Pfeifenrauchen ein untrügliches Zeichen für Unsicherheit ist.
Ich würde nie Pfeife rauchen. Schon deshalb!
»Er ist Professor in T. Vergleichende Literaturgeschichte oder sowas. Er muß früher weg. Er hat morgen eine Vorlesung in Innsbruck. Es könnte sich gar nicht besser treffen...«
Sie sieht zu mir herüber. Sie besitzt Instinkt und Intelligenz.

Ich bin sicher: Sie weiß genau, worüber wir gesprochen haben.
Ich bin glücklich.
Es ist ein wunderbarer Sonntagnachmittag.

XXXIV

Herbst 1949.

Nach einem schrecklichen Asthmaanfall schleppt mich meine Freundin zu einem Arzt, mit dem sie früher zusammengelebt hat.
Ich habe Vertrauen zu ihm.
Er stellt kluge und geschickte Fragen.
Nach einer Viertelstunde wissen wir, daß der erste Anfall 1935 gewesen sein müßte, daß 1935 die Nürnberger Gesetze erlassen wurden, daß da durchaus ein Zusammenhang bestehen könnte und daß es keinen Grund mehr gibt, Asthmaanfälle zu bekommen...
Ich bekomme eine Novocainspritze, er hat darüber irgendwo etwas gelesen, er wiederholt sie noch einige Male, und ich habe nie mehr Atemnot. Nie mehr in meinem ganzen Leben.